PRÉCIS HISTORIQUE

SUR LA FAMILLE

DE

𝔇urfort 𝔇uras.

Toute reproduction est interdite.

CHATEAU DE DURAS

PRÉCIS HISTORIQUE

SUR LA FAMILLE

DE

DURFORT DURAS,

DÉDIÉ A MADAME LA COMTESSE

DE LA ROCHEJAQUELEIN,

Née DE DURFORT DURAS,

PAR

M. Jean **FAVRE**, AVOUÉ

A MARMANDE (Lot-et-Garonne.)

MARMANDE,
IMPRIMERIE AVIT DUBEROBT, PLACE D'ARMES.

1858.

A Madame la Comtesse

DE LA ROCHEJAQUELEIN,

Née DE DURFORT DURAS.

———

Madame,

Ce livre a été écrit au pied des tours séculaires du manoir de Duras : consacré à retracer l'antiquité, les nobles services, et l'illustration de votre maison, il présente l'ensemble des anneaux qui en forment la glorieuse chaîne.

Je l'avais depuis longtemps entrepris par un sentiment de curiosité que justifiait l'étude de l'ancienne histoire de notre province, et plus encore stimulé par mon attachement à ses plus honorables souvenirs. Ayant coordonné le résultat de mes recherches avec les récits de nos vieux chroniqueurs, il m'a semblé qu'un travail de ce genre n'était pas dépourvu d'importance ; mais le plus puissant encouragement, je l'ai trouvé dans l'intérêt qu'a daigné prendre à mes efforts la noble et chevaleresque héritière du grand nom de Durfort Duras.

C'est donc à vous, Madame la comtesse, qui n'avez pas voulu laisser sans écho l'humble voix d'un enfant de l'Agenais, que l'hommage de mon livre est dû. Veuillez l'agréer avec bonté comme un faible témoignage du profond et inaltérable respect de

Votre très humble et très obéissant serviteur.

J. FAVRE.

Duras, le 12 Octobre 1857.

CHAPITRE PREMIER.

I.

Les Durfort. — Origine de la maison de Durfort Duras. — Les trobes du chevalier Fébrer. — Le pape Clément V. — Une légende du moyen-age.

§ Ier

Le château de Duras, dont l'origine remonte au commencement du moyen-âge, était situé en Agenais, dans la province de Guienne, à l'extrémité ouest de la petite ville qui porte aujourd'hui son nom. C'est là que se fonda la maison puissante de Durfort Duras.

Une charte du onzième siècle, découverte depuis la publication du P. Anselme, fait mention de Foulques, seigneur de Durfort, au diocèse de Narbonne, vivant en 1050, premier auteur connu de cette maison.

Le nom de Durfort fut adopté par une branche de la maison de Foix. Lorsque les Anglais furent contraints d'abandonner la Guienne, ils transportèrent en Angleterre la plupart des chartes de cette province, ainsi que celles des autres provinces du Midi: (1) ce qui rend difficile de rechercher cette première origine, et la filiation qui remonte à la maison de Foix.

Les Durfort avaient le rang le plus distingué parmi les grands seigneurs du comté de Toulouse. Cette famille était tellement considérable que ses

(1) Moreri.

branches étaient établies dans les provinces du comté de Foix, dans le Quercy, le Languedoc et la Guienne. Un grand nombre de localités portent encore aujourd'hui le nom de Durfort, dans les départements du midi de la France, l'Aude, le Gard, l'Arriège, le Lot, la Lozère.

Pendant les croisades, les Durfort se distinguèrent à la suite des rois de France. Philippe-Auguste s'embarqua en même temps que Richard, Cœur-de-Lion, roi d'Angleterre, pour la croisade qui fut entreprise, en 1190, contre St-Jean d'Acre. Le roi de France et le roi d'Angleterre avaient imposé tous ceux de leurs sujets qui ne prendraient pas les armes, de la dîme appelée *dîme saladine*. Bernard de Durfort se mit à la tête de quelques chevaliers français, et il emprunta cent onces d'or pour leur fournir des équipements. Les prêteurs étaient des marchands génois: Philippe Panzani et Cosme Cigala, qui exigèrent en garantie des joyaux d'or, des pierres précieuses restituables sur la remise des cent onces d'or. (2)

(2) Villaret.

La guerre des albigeois fournit à la famille de Durfort l'occasion de signaler sa valeur. Cette famille suscita une opposition formidable à Simon de Montfort dans les provinces de l'Agenais. (1212.) Un seigneur redoutable, Robert de Mauvezin, qui commandait sous les ordres de Simon de Montfort, s'étant emparé de la ville de Marmande, en fut récompensé par un don que lui fit Simon de Montfort, de toutes les propriétés que possédait dans le pays Guillaume Durfort de Fanjaux.

Nous devons à l'obligeance de M. le comte Adolphe de Circourt, la communication d'un ouvrage très curieux, écrit en langue catalane par le chevalier Jayme Fébrer, qui était fils de Guillaume Fébrer, inspecteur de l'armée de Jayme le Conquérant, roi de Majorque. L'ouvrage est intitulé *Trobas,* les trobes; *Trobas* signifie en catalan stances. Cet ouvrage fut composé en 1238, après le siège de Valence, en Espagne.

Le chevalier Fébrer ayant été blessé sous les murs de Murcie, et ne pouvant sortir de son appartément à Valence, occupa les loisirs de sa convalescence en peignant sur les murs de son corri-

dor le blason de tous les guerriers de marque qui avaient contribué à la prise de Valence. « Ces
« guerriers, dit l'auteur des trobes, étaient de
« rangs inégaux par leur origine, et venus de na-
« tions diverses pour partager la gloire et le profit
« de cette entreprise : Il y avait des Ricombres et
« seigneurs d'Aragon, de Navarre et de Catalo-
« gne, des mylors de Bretagne et d'Angleterre;
« des gentilshommes d'Italie, et des *monsieurs* de
« France; mais Fébrer les rangea tous par ordre
« alphabétique, parce que, dit-il, la noblesse est
« comme la pierre de touche qui se reconnaît à
« la qualité, non au rang. Le roi de Majorque,
« étant venu visiter son vassal, admira l'assem-
« blage de ces écussons, la diversité des signes et
« l'éclat des couleurs. Interrogé par son maître,
« Jayme Fébrer lui expliqua chaque armoirie, le
« nom et les exploits de son possesseur, comme
« il les avait connus, soit par les registres de son
« père, soit par sa propre expérience d'inspec-
« teur-général. Le roi approuva fort cette idée,
« mais il désira qu'elle fut complétée par l'addi-
« tion d'une stance ou trobe pour chaque blason,
« qui fixât chaque explication qu'il venait d'en-
« tendre. Fébrer s'empressa d'obéir, et, en l'es-

« pace d'un été, il termina les cinq cents cinquante-
« cinq trobes, de onze vers chacune, et vingt-deux
« autres pour servir à la généalogie du Roi. »

Le blason de Raymond de Durfort, chevalier français, tel qu'il est représenté par l'auteur des trobes, est un château fort qu'un lion s'efforce d'abattre. Sur les murs du château est l'inscription suivante : SI ELL DUR, YO FORT. — *S'il est dur, je suis fort.*

Voici la trobe :

TROBA CCIX.

RAYMUNDO DE DURFORT.

« Por significar en Ramon Durfort
« Son agnom fels, pinta per empresa
« En lo camp de blau, un castel molt fort
« Scu llcode or que esta com absort;
« Ab les sues garres procurant for presa,
« Roscaut resparets e un netrer que dire :
« SI ELL DUR, YO FORT. — Aqueste soldat

« Vingué de Béarn, con la historia escriu,
« A sa costa propria, al plé del estiu,
« Estant en Valencia lo sété posat;
« E a vos os servi contra el rebetat. »

La traduction est ainsi : « Le Sire Raymond de
« Durfort pour exprimer son nom et peindre ses
« hauts faits, choisit pour emprise, en un champ
« d'azur, un château très fort, et devant un lion
« d'or qui passait transporté de rage; avec ses
« griffes il s'efforce d'abattre le château, dont il
« déchire les murailles, et l'inscription porte :
« S'IL EST DUR, JE SUIS FORT. Ce soldat vint de
« Béarn, comme l'histoire le raconte, à ses pro-
« pres frais, au plein de l'été, le siége étant déjà
« autour de Valence; et il vous a servi, vous,
« contre votre vassal révolté. »

Les trobes furent éditées à Valence en 1796, et
dédiées à l'archevêque de Séville par Pascal Marin.
Le blason y est très défiguré par le graveur, qui
souvent n'a pas compris le texte.

Le premier nom que l'on trouve de la famille
des Durfort dans les généalogies du père Anselme,

est celui de Bernard de Durfort et de Ava, son épouse, lesquels eurent une fille nommée Aiguina, dont le nom a été conservé dans un acte de donation fait en faveur de l'abbaye de Moissac en 1063; mais quelle que soit l'ancienneté des Durfort, la terre de Duras n'est entrée dans cette maison que depuis l'année 1306, par le mariage de Marquésie de Goth, fille d'Arnaud Garcie de Goth, vicomte de Lomagne, avec Arnaud de Durfort, seigneur de Bajaumont. Arnaud Garcie de Goth était frère du pape Clément V, et de Galhard de Goth.

Béraud de Goth, père de Bertrand de Goth, qui fut Clément V, d'Arnaud Garcie de Goth, et de Galhard de Goth, était seigneur de Villandraut, d'Uzeste, de Rouillac et d'Auvillars. La famille de Goth fonda un grand nombre de châtellenies dans l'Agenais et le Périgord. Un anniversaire était célébré dans l'église de Saint-Caprais d'Agen pour le repos de l'âme des principaux membres de cette famille. Ces souvenirs pieux ayant été abandonnés, Marquésie de Goth les renouvela par un obit.

Galhard de Goth, frère de Clément V, avait fait testament le seize janvier 1305, en faveur de sa nièce; et parmi les biens considérables qu'il léguait se trouvait la terre de Duras que Marquésie de Goth apporta en mariage en 1306. Galhard de Goth est qualifié de damoiseau dans les vieilles chroniques: Il portait le titre de seigneur de Duras. (3)

Telle fut l'origine de la maison de Durfort Duras. Ces deux mots Durfort et Duras ayant quelque similitude, les chroniqueurs ont écrit tantôt Durfort, Durefort et Duras-fort.

Il faut dire un mot de la fin malheureuse de Galhard de Goth, puisque la terre de Duras vient de lui. Il assistait le onze novembre 1305, dans l'église de Saint-Just, à Lyon, au sacre de son frère, qui d'archevêque de Bordeaux devenait Pape sous le nom de Clément V. Au sortir de l'église, une foule immense se pressait autour du cortège; des gradins, des estrades, s'élevaient de toutes parts; un mur sur lequel on avait établi des échafaudages en planches s'écroula; ceux qu'il sup-

---

(3) Lachesnaye Desbois.

portait furent précipités sur la voie. Galhard de Goth, le duc de Bretagne et quelques seigneurs, qui faisaient partie du cortège, furent renversés de cheval, et moururent dans la même journée.

Arnaud de Durfort, baron de Bajaumont, devenu seigneur de Duras par son mariage avec Marquésie de Goth, possédait aussi les châteaux de Monteis et de Lafox, près d'Agen. On voit encore aujourd'hui dans la chapelle du château de Lafox un tombeau sur lequel sont sculptées les armes de la famille de Durfort-Bajaumont : sur les deux grands côtés sont les douze apôtres avec leurs attributs, et sur la face du monument deux anges prosternés aux pieds de Dieu.

La famille de Goth, qui possédait le manoir de Duras, était la plus riche et la plus puissante dans la Guienne, le Languedoc et le Périgord. Cette famille était originaire de Villandraut, dans le Bazadais. Bertrand de Goth, Clément V, avait des possessions immenses dans les provinces du midi. Il mourut à Roquemaure, sur le Rhône, en 1314; les trésors, les pierreries, les ornements qui appartenaient au Saint Père furent recueillis par

Bernard, comte de Lomagne, neveu du défunt, et par la comtesse de Foix, aussi sa parente. (4) Le corps du Pape Clément V fut transporté et enterré dans la collégiale d'Uzeste, près de Villandraut, aujourd'hui dans l'arrondissement de Bazas. Le tombeau du Pape, sur lequel est gravée une épitaphe latine, est dans la nef de l'église d'Uzeste, et attire quelquefois dans ce lieu, presque désert, des visiteurs et des curieux.

§ 2.

LÉGENDE.

Ici, l'auteur doit donner place à une légende qu'il a recueillie autrefois dans le château de Duras. C'est une description des mœurs de cette époque. Comment faire l'histoire d'un château au moyen-âge sans y rencontrer une fée? Quel château n'a pas eu sa fée !] Quel pays n'eût ses temps merveilleux! Mélusine, la fée des Landes,

(4) Jean Villani.

fut la patronne des Lusignan. — Egisilde fut la fée et la patronne des Durfort Duras.

Le mariage de Marquésie de Goth avec Arnaud de Durfort entraîna la liaison d'un Durfort, seigneur de Flamarens, avec Raymonde de Durfort. Une bienfaisante fée devait bientôt protéger leur inclination. Durant le jour, c'était des parties de chasse dans les vastes domaines du château. Le soir, seigneurs, écuyers et commensaux se réunissaient pour jouer aux dés, au mail, au palet, et écouter des romans, ou des contes de fées. Le roman de *Lancelot du Lac, le fameux chevalier de la table ronde*, était alors fort à la mode, ainsi que l'histoire du *Châtelain de Coucy*, seigneur du château de Marnes, dont la demeure fut assiégée par tous les lépreux de la ville de Laon, en représailles de ses crimes et méfaits.

La chambre occupée par Raymonde de Durfort, dans le château de Duras, se trouvait séparée des autres appartements par une tour spacieuse. Raymonde descendait souvent, à la clarté des étoiles, dans les bosquets de buis et de myrthe qui formaient, au-delà des ponts-levis, les retraites les plus délicieuses. Un rendez-vous y était préparé par Flamarens; la verveine y croissait en abondance; et ils se plaisaient tous deux à en faire des bouquets et des guirlandes, malgré la défense de Marquésie de Durfort, qui avait menacé de l'enfer quiconque oserait toucher à cette plante favorite. (5) La fée Egisilde, disaient les crédules habitants du manoir, venait s'en tresser chaque nuit une couronne. Il existait alors dans le château une chambre souterraine qui frappe encore aujourd'hui la curiosité des visiteurs. La voûte est taillée en cintre, de telle façon que, par un effet d'acoustique, deux personnes placées au coin de la muraille, à chaque extrémité, peuvent converser ensemble entr'elles, à demi-voix et du bout des lèvres, sans que plusieurs personnes, même attentives au milieu de la salle, puissent saisir une seule syllabe des paroles prononcées. Cette chambre a toujours porté le nom de CHAMBRE DU SECRET.

Un soir que l'on y était réuni pour jouer aux

---

(5) Marchangy. *La Gaule poétique*

dés, Flamarens, qui connaissait peut-être seul le mystère de cette chambre, prononça le nom de Raymonde pour attirer vers lui l'attention de son amante; dans le même instant, Marquésie de Durfort se baissait pour ramasser un dé; et le nom de Raymonde, échappé de la voûte, arriva droit à son oreille. Une frayeur subite s'empara d'elle; tout le monde se leva, et chacun s'écria : La fée! La fée! Le lendemain, lorsque le son du cor eut mis sur pied tous les gens du château, on s'aperçut que des branches, des feuillages épars gisaient çà et là dans les avenues; on ne douta pas de la visite de la bonne fée; Raymonde et Flamarens avaient disparu. Egisilde les avait transportés tous deux dans quelque bienheureux séjour.

Le bruit se répandit plus tard qu'entraînés par le penchant de ces temps merveilleux, les deux amants s'étaient mêlés aux nombreux troubadours répandus alors dans la Guienne et le Languedoc. Durfort de Flamarens chantait des SIRVENTES amoureuses sur une harpe ornée de plumes de faisans; et Raymonde de Durfort, par sa beauté et ses grâces, brilla dans les cours d'amour les plus célèbres.

CHAPITRE DEUXIÈME.

II.

Domination anglaise. — Sièges soutenus par le chateau de Duras. — Sa destruction — Sa reconstruction.

Une dynastie de quatorze ducs héréditaires, dont le premier fut Ranulfe Ier, régit la Guienne pendant l'espace d'environ deux cents ans, et depuis Henri II, roi d'Angleterre, elle demeura près de trois cents ans sous la domination anglaise. Pendant tout ce temps les Durfort Duras servirent presque toujours la cause des Anglais. Fiers de leur blason et des immenses redevances de leurs fiefs, retranchés dans leur manoir comme dans une forteresse, ils ne reconnaissaient pour souverain que celui qui pouvait leur accorder quelque protection. La faiblesse de la plupart de nos rois à cette époque explique la soumission de ces seigneurs à l'Angleterre.

Edouard II, qui avait épousé Isabelle, sœur de Charles IV, roi de France, écrivit à son très cher et féal Arnaud de Durfort, et à sa très noble dame Marquésie de Goth, pour les exhorter à lui être toujours fidèles, et à l'aider de leurs conseils pour son gouvernement de Guienne. (1) Du mariage d'Arnaud de Durfort et de Marquésie de Goth naquirent six enfants : 1º Eymery; 2º Galhard; 3º Régine; 4º Bernard; 5º Marquésie; 6º Olpais. (2) En 1336, Philippe de Valois fit avec Eymery de Durfort un traité par lequel celui-ci renonça aux droits qu'il tenait de sa mère, sur les

---

(1) Le père Daniel.
(2) Lachesnaye Desbois.

vicomtés de Lomagne et d'Auvillars, indivis entre les héritiers de la maison de Goth; il reçut en compensation les terres de Villandraut et de Blanquefort; en outre, il était propriétaire des terres de Duras, de Monségur, d'Allemans et de Puyguilhem.

Eymery de Durfort servit le roi de France dans les guerres de Guienne, sous le commandement du maréchal de Trie; il fut nommé seigneur justicier de La Tour, en Agenais, en 1328.

Le duc de Normandie, fils de Philippe de Valois, avait épousé à l'âge de quatorze ans Bonne de Luxembourg, fille de Jean, roi de Bohême. Jean, roi de Bohême, fut envoyé par le roi de France dans les provinces de l'Agenais, en qualité de lieutenant-général; il s'arrêta quelques jours à Marmande pour surveiller les mouvements de l'armée anglaise, et donna des lettres de rémission en faveur d'Eymery de Durfort, chevalier, seigneur de Duras. Ces lettres furent ratifiées deux ans après par Flavacourt, archevêque d'Auch, émissaire du roi de France, qui se fixa à Agen pour rétablir l'ordre dans les provinces. (1340.)

Edouard II, roi d'Angleterre, après avoir violé la trêve qu'il avait conclue avec Philippe de Valois, reporta ses armes en Guienne. Le comte Derby, lieutenant-général des armées du roi d'Angleterre, vint assiéger Bergerac. Deux cents chevaliers français et neuf comtes ou vicomtes furent tués ou faits prisonniers. Eymery de Durfort, grièvement blessé, expira le lendemain du siège. (1345.) Il avait pour compagnon d'armes Galhard de Durfort, son fils, et quelques autres chevaliers, tels que les comtes de l'Isle, de Périgord, et de Valentinois. Le château de Duras tomba au pouvoir des Anglais, ainsi que les autres places de la Gascogne. Le duc de Normandie, dont nous avons parlé, mit le siège devant Aiguillon avec une armée de cent mille hommes. Marmande, La Réole se soumirent aux Anglais ainsi que Tonneins et Castelmoron, après la nouvelle de l'échec éprouvé par les Français devant Aiguillon. (3)

Galhard de Durfort, fils d'Eymery, était très attaché à l'Angleterre. C'est son dévouement à cette

---

(3) Mézeray.

cause qui lui valut le titre de baron de Duras et la conservation de la seigneurie de Blanquefort. A la sollicitation de Charles d'Espagne, connétable de France, il rentra au service de France par un traité qui fut signé le trois mai 1352. Le roi Jean le combla de libéralités, et lui donna onze cents livres par an à prendre sur la recette de Toulouse, jusqu'à ce qu'il eût racheté ou reconquis les terres que lui avaient ravies les Anglais.

Galhard de Durfort était au nombre des chevaliers français qui formaient la suite du roi Jean à la bataille de Poitiers; il mourut sur le champ de bataille, et n'eut pas la douleur de voir son roi captif, et la France livrée à la merci de l'Angleterre; il expira à côté de l'évêque de Châlons, mort le casque en tête comme un vaillant guerrier. (1356.) Parmi les grands personnages qui formaient la suite du roi Jean figure un Robert de Duras. Il n'était pas de la maison de Durfort Duras; c'était un membre de la famille d'Anjou-Sicile, dont le nom s'écrit Duraz ou Durazzo. C'est sous Charles d'Anjou, premier du nom, qu'eurent lieu les Vêpres Siciliennes. Les Duraz Othon et de Los, dont le P. Anselme fait une immense lignée, étaient de cette famille, originaires du Brabant et de la Hollande. (4)

La perte de la bataille de Poitiers entraîna pour la France les résultats les plus funestes. Ce fut une défection complète de tous les seigneurs et hauts barons de la Guienne; le prince de Galles arriva à Bordeaux après avoir traversé triomphalement, et en pays conquis, le Poitou et la Saintonge. Il acheta toutes les terres, fiefs et baronnies des seigneurs qui avaient combattu contre lui, et les paya en deniers comptants. (5)

Lorsque le prince de Galles dut quitter Bordeaux, il réunit auprès de lui tous ces grands personnages, le seigneur d'Albret, le captal de Buch, le baron de Duras, Galhard de Durfort, deuxième du nom. Il leur fit les plus belles promesses, et leur dit qu'il les laissait dans le pays de Gascogne pour garder les terres et les frontières contre les Français. (6)

---

(4) *Histoire générale de France*, tom. 1er.
(5) Froissart.
(6) Froissart.

Galhard de Durfort, deuxième du nom, était le fils de celui qui fut tué à la bataille de Poitiers, et de Marguerite de Caumont.

Sous Charles V, le duc d'Anjou et Duguesclin s'emparèrent des principales places fortes de la Guienne. Felleton, lieutenant-général du roi d'Angleterre, et le duc de Lancastre trouvèrent de puissants auxiliaires parmi les seigneurs de Mussidan, de Langoiran, de Rauzan et de Duras, qui étaient les quatre plus hauts barons de la Gascogne dans le parti des Anglais. Felleton, qui était sénéchal de la Guienne, fut fait prisonnier dans une bataille qui se livra près d'Eymet, aux portes de Bergerac : il acheta sa liberté moyennant trente mille livres. Le seigneur de Duras tomba aussi entre les mains des Français avec tous ses compagnons d'armes. Le sort de cette bataille décida de la reddition de Bergerac et de Sainte-Foy; cette dernière ville fut livrée au pillage. Galhard de Durfort Duras et le seigneur de Rauzan firent serment de fidélité au roi de France; ils se réfugièrent à Bordeaux, qui était une ville anglaise, et se vantèrent de leur trahison. Alors, le duc d'Anjou résolut de marcher sur Duras.

Le siège de Duras dura dix jours; il commença le 18 octobre 1377, et se termina le 27 du même mois. (7)

Le langage vulgaire de Froissart a une expression qui donne un charme tout particulier au récit de ce siège :

« Tant exploitèrent les osts (armées) du duc
« d'Anjou que ils vinrent devant Duras; et quand
« ils durent approcher, il fut ordonné de tantôt
« assaillir dont se mirent gens d'armes en or-
« donnance d'assauts et tous leurs arbalêtriers
« pavescgiez (pavoisés) devant; et ainsi appro-
« chèrent la ville, et vous dis qu'il y avait là
« aucuns varlets dessous les seigneurs, qui s'é-
« taient pourvus d'échelles pour avoir mieux l'a-
« vantage de monter sur les murs; et lors fut
« l'assaut grand et horrible; et ceux qui mon-
« taient se combattaient main à main à ceux
» de dedans; et dura cet assaut de pleine ve-
« nue moult longuement. Si y eut là fait sur

---

(7) Vaissette. *Histoire du Languedoc.*

« les échelles plusieurs grands appertises d'ar-
« mes....... Le lendemain fit-on à savoir par un
« cri et par un héraut que le premier qui en-
« trerait dedans Duras il gagnerait cinq cents
« francs. La convoitise de gagner fit avancer
« plusieurs poures (pauvres) compagnons; dont
« furent échelles levées en plusieurs lieux au-
« tour des murs, et là commença l'assaut fort
« et grand et qui bien fut continué; car les
« jeunes chevaliers et écuyers qui se désiroient
« à avancer ne s'épargnoient point, s'abandon-
« noient et assailloient de grand'volonté. »

Le chroniqueur se plait à raconter les prouesses du sire de Langoiran, qui, indigné de ce que Durfort Duras avait trahi sa promesse, et s'était fait Anglais, se trouvait un des premiers à l'assaut, et mit même sa vie en danger, lorsque, dans un certain moment, les assiégés lui arrachèrent son casque de la tête.

Froissart ajoute : « La ville de Duras fut par
« force conquise, et y entrèrent tous premiers
« messire Tristan de Roye et messire Jean de
« Rosoy. Quand les gens d'armes qui dedans

« Duras virent que leur ville se commençait à
« perdre, si se rattrairent (retirèrent) au châ-
« tel et laissèrent convenir (prendre) le demeu-
« rant (le reste). Ainsi fut la ville de Duras
« prise et ceux tous morts qui dedans furent trou-
« vés, et puis se retrairent (retirèrent) les gens
« d'armes dedans leurs logis : Si se désarmèrent
« et aisèrent (mirent à l'aise); car ils trouvè-
« rent bien de quoi. A lendemain le connétable
« de France (Duguesclin) monta à cheval et le
« maréchal de France avec lui et s'en allèrent
« vers le châtel pour aviser de quel côté on le
« pourrait assaillir et prendre. Tout imaginé ils
« le trouvèrent merveilleusement fort, et dirent
« que sans long siège il n'était mie à prendre;
« et à leur retour ils contèrent tout au duc d'An-
« jou : Il ne peut chaloir (importer) dit le duc
« d'Anjou, j'ai dit et juré que jamais ne parti-
« rai de ci si aurai le châtel à ma volonté. » RÉ-
PONDIT LE CONNÉTABLE : « Et vous n'en serez jà
« dédit. »

Le duc d'Anjou temporisa; la garde du château
demanda à capituler.

Après avoir recouvré sa liberté au prix de grands

sacrifices, Galhard de Durfort se montra encore plus que jamais attaché aux Anglais. Ses biens furent confisqués, et le château de Duras fut rasé par ordre de Charles V. Le roi le donna, avec toutes les possessions qui en dépendaient, au seigneur d'Albret. (1389.)

Galhard de Durfort, deuxième du nom, avait épousé Eléonore de Périgord, fille de Robert-Bernard-Archambaud, comte de Périgord. Il eut de ce mariage Galhard de Durfort, troisième du nom, qui recouvra sous le malheureux règne de Charles VI, et grâce aux efforts du duc de Lancastre, toutes ses possessions de la Guienne, Blanquefort et Duras. Il était seigneur justicier de Blanquefort; tout le Médoc dépendait de sa juridiction. Lorsque, en 1395, la France et l'Angleterre signèrent un traité de paix par lequel ces deux puissances s'interdisaient pendant vingt-six ans aucune prise d'armes sur les diverses provinces occupées par elles, Galhard de Durfort fut comblé d'honneurs et de bienfaits. Il fut nommé sénéchal de Guienne en 1399. De cet emploi dépendait pour le roi d'Angleterre la conservation de la Guienne. Pendant cette trêve, Hugues Spencer, envoyé anglais, débarqua à Bordeaux, et s'assura plus que jamais de la fidélité du sénéchal.

En 1402, il se livra entre Montendre et Blaye un combat acharné de sept Français contre sept Anglais. Dans ces sortes de combats, qui rappellent ceux des Horaces et des Curiaces, les vaincus se constituaient prisonniers, et payaient une rançon. Galhard de Durfort, sénéchal de la Guienne, et le sire de Herpedanne furent pris pour juges; ils décidèrent dans cette circonstance que le prix des vainqueurs serait un anneau d'or. (8)

Ces sortes de combats étaient à la mode alors. Le duc d'Orléans provoqua en duel le duc de Guienne (HENRI IV, roi d'Angleterre) : ce défi n'eut pas de suite; cependant, l'animosité du duc d'Orléans contre son rival l'entraîna dans une guerre acharnée, qui se termina en 1407 par le siège de Blaye, fatal aux Français, et par une trêve signée des deux partis.

En 1409, Galhard de Durfort, sénéchal de

---

(8) Villaret.

Guienne, voyant les finances de la ville de Bordeaux entièrement épuisées, écrivait au connétable de cette ville : « A cause des guerres présentes et
« de la stérilité passée, et des grandes charges
« que la connétablerie de Bordeaux doit payer
« pour les gages des officiers royaux; nous et les
« gens du conseil royal et de la ville, avons or-
« donné que vous ne preniez aucun engagement
« encore envers aucun créancier qu'après en avoir
« reçu une garantie suffisante; que vous vous fas-
« siez payer toutes les sommes dues à la conné-
« tablerie, afin d'éteindre les créances qui pèsent
« sur elle, et que vous soldiez l'arriéré des ap-
« pointements de ces officiers avant de pourvoir
« à toute autre dépense.

Puis, on fit un traité de paix que l'on appela la Paix-Fourrée. (1409.)

Après avoir consulté les chroniqueurs de nos provinces, nous avons la certitude que le château de Duras fut rasé en 1389, et qu'il fut donné au seigneur d'Albret, avec les domaines y afférents.

Grâce à l'influence de sa famille, et aussi aux

biens considérables qu'elle possédait dans le pays, Galhard de Durfort obtint la charge de sénéchal de Guienne, et rentra dans la propriété du château de Duras et des terres qui en dépendaient. Il s'occupa pendant son sénéchalat à faire rebâtir le château. Cette construction dût coûter des sommes énormes, si l'on en juge par les ruines magnifiques qui existent encore. Les ruines du moyen-âge disparurent alors; et les murailles épaisses que l'on remarque aujourd'hui portent en quelques endroits les traces du dernier siège que soutint le château en 1424.

CHAPITRE TROISIÈME.

III.

Les seigneurs de Duras tantôt Anglais tantôt français. — Leur soumission et leur dévouement a la France. — Guerres d'Italie sous Louis XII, Charles VIII et François Ier. — François de Durfort et les trois frères La Rochejaquelein a la bataille de Pavie.

La France n'avait pu se relever des désastres de la bataille de Poitiers. La faiblesse de nos rois donnait toujours quelque motif de guerres intestines; et les provinces de l'Ouest et du Midi étaient tantôt anglaises, tantôt françaises, suivant l'ascendant et l'habileté des chefs qui les commandaient.

Dès les premières années du règne de Charles VI deux partis puissants se formèrent : celui de la Bourgogne, et celui des Orléans pour le roi de France.

Le seigneur de Grailli, captal de Buch, ligué avec Bernard d'Armagnac, lutta pendant quelque temps contre les Anglais; d'un autre côté, le duc de Bourgogne cherchait à contrebalancer leurs projets, et à profiter des succès des uns et des défaites des autres. Le traité de Bourges (1412) n'eut pas une longue durée; et la bataille d'Azincourt (1415) gagnée par Henri V, roi d'Angleterre, sembla mettre un terme aux dissensions des provinces du Midi.

Charles VI donna au comte d'Armagnac le bâton de connétable de France.

Galhard de Durfort se rangea sous les drapeaux du roi de France avec le comte d'Armagnac.

Puis, le duc de Bourgogne ne tarda pas à avoir des ententes secrètes avec l'Angleterre. (1)

En 1415, disent quelques auteurs, Jean de Durfort fut nommé trésorier à Carcassonne. Le nom de Jean de Durfort me rappelle une version, du reste peu accréditée, au sujet d'un procès que ce Durfort eut à soutenir devant le sénéchal de Guienne, *à l'occasion du droit de la marquette.*

Guillaume de Beccaron et Catherine Soscarole, qui s'étaient révoltés contre ce seigneur, dans la juridiction de Blanquefort, furent condamnés, dit-on, à lui faire amende honorable. L'ouvrage de de M. Louis Veuillot sur le *Droit du Seigneur,* prouve de la manière la plus évidente que ce fait scandaleux a été inventé à plaisir; car, à la date de 1302, époque à laquelle on fait remonter cette aventure, il n'existait aucun Durfort qui portât le nom de Jean. C'est un fait facile à vérifier en parcourant les diverses généalogies qui nous sont restées. Puis, l'acte original sur lequel on s'appuie

---

(1) De Barante, *Hist. des ducs de Bourgogne.*

n'existe nulle part, quoiqu'il ait été imprimé en langue romane dans divers ouvrages.

Quelques écrivains de nos jours ont publié des volumes sur LE DROIT DU SEIGNEUR. On remonte à toutes les sources, on élabore, on analyse; mais, il est vraisemblable que ce droit honteux n'a jamais existé qu'en théorie. (2)

Sous Charles VII, le duc de Bedfort, tuteur de Henri VI, roi d'Angleterre, assiégea plusieurs places fortes de la Guienne. Lancelot de Labarthe, un de ses généraux, s'empara du château de Duras. Ce fut le troisième et dernier siège que cette place eut à soutenir. (1424.) Galhard de Durfort avait été disgracié, et sa place de sénéchal avait été donnée à un Anglais nommé Jean Tiptof, dès que Durfort eut pris le parti du roi de France.

La tradition restée dans le pays rapporte que les Anglais étaient campés à l'ouest du château, dans la plaine, sur une butte de terre qu'ils avaient éle-

---

(2) Michelet, *Origines du Droit français.*

vée, et qui fut appelée depuis la motte de Baleyssagues. On remarque encore des traces de ce siège en quelques endroits du château. Des empreintes de boulets de canon de petit calibre sont même restées sur les murailles de la ville. On se servait du canon depuis l'année 1345. (3)

De son mariage avec Jeanne de Lomagne, fille de Eudes, seigneur de Lomagne et de Fiefmarcon, qu'il avait épousée en 1390, Galhard de Durfort, troisième du nom, eut un fils, Galhard de Durfort IV.

Sous Charles VII, les seigneurs de la Guienne suscitèrent des entraves à la marche triomphale des troupes du roi de France. Dès l'année 1450, les principales places fortes de la Guienne avaient succombé. Charles VII en personne s'était emparé de la ville de Marmande par le côté du nord, et avait fait placer les armes de France sur la porte du Fougard. Le 21 juin 1451, Jean, comte de Du-

---

(3) Dom Vaissette, *Hist. Gén. du Languedoc.*

nois, grand chambellan, général en chef de l'armée de Charles VII, fit son entrée à Bordeaux, suivi de Xaintrailles, grand écuyer, du comte de Coëtivy, sénéchal de Guienne, et du captal de Buch. Le baron de Biron, les seigneurs de Duras et de Lesparre prêtèrent serment entre les mains d'Olivier de Coëtivy, d'être à l'avenir de bons et loyaux Français; le captal de Buch n'accepta pas leur soumission, parce qu'il était lui-même soumis à l'Angleterre, et décoré de l'ordre de la Jarretière.

Jusques en l'année 1453, Galhard de Durfort Duras ne cessa d'intriguer en faveur de la cause de l'Angleterre, et il n'eut pas de repos que Henri VI n'eut tenté une seconde fois le sort des armes. Il soutint lui-même un siège terrible pour la défense de son château de Blanquefort, contre les comtes de Clermont, de Foix, et le seigneur d'Albret. La lutte fut acharnée. Talbot, général de l'armée anglaise, qui avait combattu pendant soixante ans, fut chassé de tout le littoral de la Guienne, et perdit la vie à la fameuse bataille de Castillon. Galhard de Durfort fut fait prisonnier avec les seigneurs de Lesparre et d'Anglade. (13 juillet 1453.) (4)

Bordeaux était conquis. Tel fut le dernier effort de cette lutte entre la France et l'Angleterre ! Elle avait duré près de quatre cents ans.

Galhard de Durfort fut condamné à un bannissement perpétuel. Ses biens furent confisqués : la baronie de Duras fut donnée au seigneur du Lau ou Law, et la terre de Blanquefort au comte de Dampmartin. (5) Galhard de Durfort vécut longtemps en Angleterre dans une pauvreté extrême ; Henri VI le traita avec tous les égards que son nom et sa mauvaise fortune méritaient, et lui accorda quelques secours pécuniaires lorsqu'enfin en 1470, après dix-sept ans d'épreuves, il fut nommé gouverneur de Calais, et chambellan du roi d'Angleterre. Il fut même décoré de l'ordre de la Jarretière.

La baronie de Duras relevait du duché de Guienne. Le titre et la qualité de baron donnaient le droit

---

(4) Devienne, *Hist. de Bordeaux*.
(5) Moreri.

de haute et basse justice. Il y avait un sénéchal et un bailli : le sénéchal était le véritable représentant du seigneur; mais il arrivait très souvent que le bailli faisait l'office du sénéchal, même pour rendre la justice. L'un et l'autre étaient à la solde du baron, et avaient pour assesseurs quatre consuls choisis parmi le peuple.

La réunion de la Guienne à la couronne de France ne changea pas ce mode d'administration, qui se continua jusqu'en 1689, époque à laquelle Louis XIV décréta l'anéantissement des communes. Au lieu de dépendre du duché de Guienne, la seigneurie de Duras dépendit du Parlement de Bordeaux.

En 1472, Galhard de Durfort débarqua à Brest avec deux mille archers par les ordres d'Edouard, roi d'Angleterre, qui s'était ligué avec le duc de Bourgogne, le duc de Guienne et le duc de Lorraine, pour s'emparer des principales places fortes de la France, et soumettre les provinces. Cette lutte contre le roi Louis XI dura plusieurs années; et le duc de Bourgogne, qui faisait de riches présents à tous les seigneurs qui combattaient pour lui, et auquel on promettait la restitution des villes d'Amiens et de Saint-Quentin, n'avait d'autre but, de concert avec l'Angleterre, que de reconquérir les anciennes provinces de l'Ouest, de l'Anjou et du Poitou, qui avaient appartenu aux Anglais. (6)

Le jour de la bataille de Nancy, Angelo Catto, astrologue napolitain, prédit à Louis XI la mort du duc Charles de Bourgogne, dont les armes lui avaient été si funestes. Cette prédiction produisit les effets les plus salutaires; car Louis XI, ne voyant plus d'obstacles à sa tranquillité, fit vœu de clémence et de pardon, et rétablit dans ses biens Galhard de Durfort, après lui avoir pardonné, ainsi qu'aux autres seigneurs qui avaient suivi le parti de la Bourgogne. (1476.)

C'est de cette époque que date la soumission des Durfort Duras à la France, à laquelle ils rendirent depuis de si éclatants services.

Galhard de Durfort, quatrième du nom, fut tué

---

(6) De Barante, *Hist. des ducs de Bourgogne.*

en combattant au service du roi, en Bourgogne, en 1487. (7) Louis de La Trémouille était général en chef de l'armée française. Galhard de Durfort servait sous son commandement, à la tête de cent hommes d'armes.

De son mariage avec Anne de Suffolk, Galhard de Durfort eut plusieurs enfants, dont l'aîné, Jean de Durfort, fut nommé maire de Bordeaux l'année même de la mort de son père. Il était marquis de Blanquefort. Il accompagna Charles VIII à la conquête du royaume de Naples en 1494. Cette campagne fut des plus heureuses. L'armée française entra à Naples le 21 février 1495.

Galhard de Durfort servait comme colonel d'infanterie sous le commandement en chef de Louis de Luxembourg, comte de Ligny, lorsque les armées de Louis XII firent la conquête du duché de Milan (1499.) En récompense de ses services, il fut nommé gouverneur de Crême, en Lombardie : ces fonctions étaient très lucratives.

---

(7) Le P. Daniel

Galhard de Durfort Duras, quatrième du nom, mourut en Lombardie le 12 avril 1520. Son corps fut transporté à Duras, et enterré dans l'église de la Magdeleine, où furent déposées depuis les cendres de quelques-uns des membres de sa famille. Avant lui, la sépulture des Duras se faisait dans l'église des Frères Mineurs, ou Minimes, de Bordeaux.

Jean de Durfort, et son frère George, surnommé le Cadet de Duras A LA GRANDE BARBE, portèrent au plus haut degré l'art de la tactique militaire dans l'infanterie. Le cadet de Duras et le seigneur de Vandenesse sont cités comme étant ceux qui hâtèrent le plus les progrès de l'art militaire à cette époque. (8) George de Durfort commandait un régiment d'infanterie à la bataille d'Aignadel. Il se trouvait aussi à la bataille de Ravenne en 1512, le le 11 avril, jour de Pâques. Son frère aîné, y commandait cinquante lances. Voici l'ordre de la bataille :

Toute la bande de l'artillerie que M. le grand

(8) Villaret.

sénéchal conduira avec les gentilshommes de l'hôtel
du roi. . . . . 200 lances.
M. de Crussol. . . . . 200 archers.
La compagnie de M. Gaston de Foix 100 lances.
M. de Lorraine, Bayard conduisant
  la compagnie . . . . 80 lances.
M. d'Aubigny . . . . 50 lances.
M. de Duras. . . . . 50 lances.
M. l'amiral. . . . . 50 lances.
M. de Tende . . . . 50 lances.
                    Total. . . . 580 lances.

GENS DE PIED.

Le cadet de Duras . . . . 1,000 hommes.
Le capitaine Odet de Foix, parent
  de Gaston. . . . . 1,000 hommes.
M. de Mont-Mirail. . . . . 1,000 hommes.
                    Total. . . . 3,000 hommes.

Puis l'arrière-garde, &. &. (9)

---

(9) Cette pièce est enregistrée en la Chambre des comptes de Grenoble, au livre LI du *Generalia*, folio 364, 2me cotte.

George de Durfort fut plus tard gouverneur d'Henri d'Albret, roi de Navarre. Il avait épousé en 1518 Jacquette Dupuy Dufour, dont il n'eut pas d'enfants.

Jean de Durfort, son frère aîné, s'était marié en premières noces avec Jeanne Angevin, fille de Jacques Angevin, seigneur de Rauzan et de Civrac. De ce mariage il eut huit enfants, dont l'aîné fut François de Durfort. En secondes noces, il se maria avec Catherine de Foix, dame de Monbardon, dont il n'eut qu'un seul enfant, Jean Jacques, mort sans postérité au service du roi, en Piémont, le 8 septembre 1555, âgé de trente-neuf ans.

François de Durfort, fils de Jean de Durfort et de Jeanne Angevin, suivit Louis XII et François Ier dans les guerres d'Italie, et ne se distingua pas moins que son père dans l'art militaire. En 1503, pendant les luttes qui existaient dans le royaume de Naples entre les Français et les Espagnols, ceux-ci, commandés par Gonzalve de Cordoue, remportèrent des succès éclatants sur l'armée française. Dans un moment désespéré, le chevalier Bayard, se plaçant à l'entrée d'un pont, arrêta seul une troupe d'ennemis. Les compagnies placées sous les ordres de François de Durfort et du seigneur de Sendricourt étaient des corps de réserve, et se firent particulièrement remarquer dans une sortie que firent les Espagnols, campés dans des bateaux, à l'embouchure de la petite rivière le Garillan, à quelques lieues du port de Gaëte. (10)

François Ier, dès son avènement au trône, songea à la conquête du Milanais, conquête qu'avait ambitionnée Louis XII. Le roi de France était arrière petit-fils de Louis, duc d'Orléans, et de Valentine de Milan. Ses prétentions étaient d'autant plus légitimes qu'elles furent plus tard accueillies et sanctionnées. Mais, dans ce moment, il avait contre lui l'Espagne et l'Autriche. Quatre-vingt mille Français de toutes armes passèrent les Alpes. François de Durfort avait le grade de colonel d'infanterie. Il avait pour compagnons d'armes l'élite de la noblesse française, entr'autres les trois frères de La Rochejaquelein, dont les descendants ne de-

---

(10) Villaret.

vaient, plus tard, former avec les siens qu'une seule et même famille. (11)

François de Durfort fut tué dans une escarmouche deux jours avant la bataille de Pavie (1515.) (12) Deux des frères de La Rochejaquelein furent tués dans la bataille; le troisième fut fait prisonnier. Parmi les prisonniers se trouvaient: Le roi de France, le roi de Navarre, qui s'échappa de sa prison, le maréchal de Montmorency, le vidame de Chartres, le gouverneur du Limousin, Louis de Nevers, Messieurs de la Meilleraye, de La Roche du Maine, de Montpezat, de Beaumont, de Coigny, et tant d'autres braves chevaliers français. (13)

François de Durfort Duras avait épousé, au mois d'octobre 1519, Catherine de Gontaud, fille de Pons, baron de Biron, seigneur de Montferrand, qui fut veuve après six ans de mariage. Il eut d'elle

(11) Jean de Bourdigné, *Chroniques du Maine et du Poitou.*
(12) Moreri.
(13) Louis Collut, avocat au Parlement de Dolc. *Mémoires des Bourguignons de la Franche-Comté.*

deux enfants: Symphorien, qui devait jouer un grand rôle dans les guerres de religion, et Henri, qui fut tué à la bataille de Dreux.

CHAPITRE QUATRIÈME.

IV.

Guerres de religion. — Montluc. — Séjour de Jeanne d'Albret a Duras. — Symphorien de Durfort commande les légionnaires de Guienne. — Il est tué au siège d'Orléans.

Depuis Louis XI il ne restait presque plus de traces de féodalité. Le vasselage avait été aboli; et les seigneurs ayant perdu beaucoup de leur puissance et de leurs privilèges, crurent voir dans le Luthéranisme l'image d'une espèce de république fédérative, telles que celles de l'Empire Germanique. Ils espérèrent y retrouver quelques-unes de leurs anciennes prérogatives, et se jetèrent avec empressement dans le parti de la Réforme. Il arriva aussi en France qu'un certain nombre de gentilshommes s'empressèrent de l'adopter. Les Durfort Duras suivirent cet exemple. En peu de temps le sectateur eut une armée de prosélytes ; de là, ce fanatisme odieux qui ensanglanta la France, terrible drame dont le dénouement fut le massacre de la Saint-Barthélemy.

François Ier avait commencé la première extermination par les exécutions de Cabrières et de Mérindol en 1545; quelques années après, Henri II et Diane de Poitiers assistaient, comme au plus attrayant spectacle, à l'estrapade ou baptême de feu. Bientôt éclata la conjuration d'Amboise, qui divisa pour jamais la maison des Guise et des Condé. Le colloque de Poissy, où le cardinal de Lorraine plaida pour les catholiques, et Théodore de Bèze pour les huguenots, au lieu de calmer les esprits, jeta les premières étincelles de la guerre civile : Le prince de Condé, déclaré chef des protestants, entreprit, avec l'amiral de Coligny, cette lutte sanglante qui s'ouvrit par la prise d'Orléans. Rouen, malgré les efforts de l'armée de Guise, tomba aussi au pouvoir des huguenots; et Antoine de Navarre, père de Henri IV, fut tué devant cette place en combattant sous les drapeaux du prince de Condé. (1562.)

Dès l'année 1560, une insurrection formidable s'était manifestée en Agenais; deux mille hommes avaient pris les armes sous l'instigation des ministres protestants, Boissonnade et David, soudoyés par Jeanne d'Albret, reine de Navarre. Agen, Montauban, Cahors étaient des villes révoltées. (1) A Marmande les huguenots avaient massacré les religieux cordeliers, qui y étaient établis sour la règle de Saint-François, et avaient brûlé le monastère. A Sainte-Foy-la-Grande, il y eut un massacre effroyable de tous les catholiques. Après la prise d'Agen par les réformés, beaucoup d'autres villes, entr'autres Nérac, Port-Sainte-Marie, Montflanquin, se soumirent aux émissaires du prince de Condé. Les seigneurs de Duras et de Caumont

---

(1) De Thou. — Brantôme.

étaient les principaux meneurs des rebelles, en dépit du capitaine Montluc, qui commençait ses premières armes par des bravades; ainsi, ce capitaine, ayant appris que Symphorien de Durfort, baron de Duras, et le seigneur de Caumont tenaient des conférences au bourg du Passage d'Agen, résolut de les surprendre pendant la nuit. Il fit venir de Condom à Astaffort quelques troupes d'élite; mais, à leur arrivée au bourg du Passage, elles furent assaillies par une grêle de pierres, et ne trouvèrent pas les deux chefs qu'elles cherchaient. (2)

A la nouvelle de la mort d'Antoine de Bourbon, Jeanne d'Albret, son épouse, avait abandonné la cour de France, qui se tenait à Saint-Germain-en-Laye, pour préparer son petit royaume de Navarre à la résistance. De catholique qu'elle était, elle avait embrassé la religion protestante, et était devenue un des plus fermes soutiens de ce parti. (3)

Gabriel de Lorge, comte de Montgomméry, fut

---

(2) *Mémoires de Condé.*
(3) Brantome.

nommé par Jeanne d'Albret lieutenant-général de son armée en Béarn. Il fit un appel à tous les gentilshommes huguenots. Les vicomtes de Montclar et de Gourdon, et le baron de Duras, Symphorien de Durfort, se rangèrent sous sa bannière.

Le comte de Montgomméry jetait l'épouvante partout où il passait. On l'appelait comte Orry; ses méfaits donnèrent naissance à cette vieille romance, qui, de nos jours, a été convertie en un chef-d'œuvre musical, le *Comte Orry*.

Symphorien de Durfort, qui était commandant des légionnaires de Guienne, accepta le commandement de la Basse-Guienne sur le refus du seigneur de Caumont.

Montluc venait d'être envoyé au secours des catholiques à Toulouse. Le capitaine Burie était à Bordeaux, préposé à la garde du Château-Trompette, avec les Pardaillan, les Savignac, Charry et autres. Tous ces évènements se passaient en 1562.

La reine Jeanne de Navarre, dont le courage et la fermeté étaient à toute épreuve, traversa en toute hâte le Béarn et la Guienne, posta ses troupes une moitié à Agen et l'autre moitié à Condom, et vint au château de Duras, chez ses co-religionnaires, pour servir de médiatrice entre les deux partis. Pendant le séjour de la reine de Navarre à Duras, la garde du château fut confiée à Jean de Durfort, fils aîné de Symphorien; et Symphorien, ayant sous ses ordres treize enseignes de gens de pied et sept cornettes de gens à cheval, établit son camp à Tonneins, Clairac et Marmande. Montluc, forcé de lever le siège de Montauban, avait marché avec des troupes nombreuses sur Agen et sur Nérac. La reine Jeanne apprenant qu'il arrivait au Mas-d'Agenais, et sachant le dessein qu'il avait de porter le fer et le feu au travers de la Guienne, envoya vers lui Barbant, son secrétaire, avec des lettres par lesquelles elle lui disait : Qu'il pouvait mettre bas les armes, que M. de Burie et elle avaient tout pacifié, et qu'enfin elle était partie de la cour de France pour satisfaire le vœu du roi, et faire cesser les troubles et les massacres. Mais Montluc avait juré aux pieds de Catherine de Médicis, à genoux, les mains jointes, par Dieu et les saints du Paradis, l'extermination des huguenots du royaume.

L'interprète de Jeanne d'Albret revint à Duras, n'apportant de sa mission que des malédictions et des menaces.

Montluc, de son côté, avait envoyé deux capitaines, Pueg et Sendat, qui furent accueillis avec toutes sortes d'égards par la princesse de Navarre, mais qui exposèrent plusieurs fois leur vie avant d'arriver à Bordeaux.

Pendant que Montluc temporisait, Symphorien de Durfort marcha sur Bordeaux. Puch Pardaillan, lieutenant du Château-Trompette, lui avait promis de lui livrer cette forteresse pour y faire entrer ses troupes; mais Genoilhac Vailhac, maire de la ville, découvrit le complot, et les soldats de M. de Burie mirent en déroute la garde de Symphorien, qui fut réduit à revenir sur ses pas; en remontant la Garonne, Symphorien fit prisonnier un gentilhomme catholique, le comte de Candalle, dont le principal manoir était en Benauge, et l'envoya au château de Duras, auprès de la reine Jeanne, qui lui fit jurer d'abandonner la religion catholique, et de ne jamais servir que la cause des huguenots. Le comte de Candalle, pour prix de sa liberté, fit les plus belles promesses; bientôt il trahit son serment, se rallia aux catholiques, et fut toujours un ennemi juré de la maison de Duras. (4)

Symphorien avait regagné le haut pays, en passant par Sainte-Foy et Bergerac. Montluc saisit ce moment favorable pour ses projets sanguinaires. Il marche sur La Réole, et en passant à Gironde, il fait pendre soixante-dix huguenots aux piliers de la halle. « ON POUVÂIT COGNOISTRE PAR-LA OU J'ES-
« TAIS PASSÉ, dit-il lui-même dans ses commen-
« taires, CAR PAR LES ARBRES, SUR LES CHEMINS,
« ON EN TROUVAIT LES ENSEIGNES. UN PENDU
« ESTONNAIT PLUS QUE CENT TUEZ. »

Monségur était gardé par sept à huit cents hommes; la ville était bien forte de murailles et flanquées de tours immenses du côté du levant. Montluc rapporte qu'on attaqua la ville du côté de la tannerie, et que la boucherie fut affreuse : Sept cents cadavres au moins restèrent sur le pavé.

Le surlendemain, on se dirigea sur Duras. Le

---

(4) Montluc, *Commentaires*.

grand exécuteur de Catherine de Médicis fut surpris autant que courroucé de ne pas y trouver sa proie. Jeanne d'Albret avait quitté Duras à l'approche de Montluc, emmenant avec elle toute la famille de Durfort à son château de Feugarolles, près de Lavardac. Ce château appartient aujourd'hui à M. de Trenquelléon.

Quoiqu'il n'y eût que cent cinquante hommes de défense dans la place de Duras, le château paraissait presque imprenable, et on ne pouvait l'attaquer que par les jardins de derrière. Toute une nuit suffit à peine pour faire entrer les troupes et l'artillerie dans la ville. Les habitants ayant appris les massacres faits à Monségur, et se trouvant trop faibles en nombre, demandèrent à capituler. M. de Burie entra dans le château, où il pensait faire un large butin; mais il n'y trouva que cent cinquante corselets qu'un huguenot de Tonneins, nommé Lagarde, y avait laissés, de peur d'être pris avec une telle charge. On y trouva aussi trois pièces de canon.

L'Agenais était alors à feu et à sang. La garnison de Duras reçut quelques subsides, et se maintint encore pendant que Symphorien de Durfort poursuivait Montluc avec acharnement dans les environs d'Agen. Sylve de Lescale, fils de Scaliger, reçut la mission d'aller demander des secours à Duras; mais la garnison était trop faible pour aller guerroyer au-dehors.

Sur ces entrefaites, Symphorien s'était dirigé vers le Quercy. Le capitaine Saintourens le força à battre en retraite, quoiqu'il eût reçu des renforts venus de la Saintonge sous le commandement du capitaine Bordet. En revenant de Cahors, Symphorien s'empara du château de Marquiès (aujourd'hui Mercuès) qui appartenait à l'évêque de Cahors, et dont le prélat avait fait son refuge. On l'emmena prisonnier, mais avec tous les égards dus à sa dignité.

Suivant l'avis de Montferrand et de Larochefoucauld, ses frères d'armes, Symphorien continua sa marche vers la Dordogne. Poursuivi par Montluc, il s'enfuit du côté de Vergt, où il fut arrêté par les compagnies espagnoles que commandait le duc de Montpensier; sa négligence coûta bien du sang à son armée : Il n'avait ni postes, ni corpsde-garde bien assurés; et la cavalerie de Montluc, arrivée à l'improviste, fit une déroute complète. Montluc rapporte que deux mille hommes restèrent sur le champ de bataille. (9 octobre 1563.)

Quelque sanguinaire que fût Montluc, les récits extraordinaires qu'il fait lui-même ne donnent peut-être pas la mesure de sa férocité et de sa vanité personnelle : voyageant toujours, ou presque toujours, à marches forcées, sans un plan de campagne bien arrêté et preparé à l'avance, il n'avait, ce nous semble, ni assez de forces militaires, ni assez de troupes aguerries pour laisser deux mille hommes sur un champ de bataille.

Symphorien poursuivit sa marche vers le Rouergue; Caylus, ville assez forte, tomba au pouvoir des troupes de Montluc. Symphorien revint sur ses pas. En redescendant la Garonne, ses troupes saccagèrent Saint-Macaire et s'abattirent sur Verdelais; elles mirent le feu à tout ce qui se trouvait dans le célèbre sanctuaire; et l'image de la Vierge que l'on vénère encore aujourd'hui fut sauvée, comme par miracle, du milieu des flammes. Cette statue fut cachée dans le tronc d'un vieil arbre, auprès d'une fontaine, où elle fut trouvée quelques années après, et replacée dans l'église de Verdelais. (5)

Poursuivi jusqu'en Saintonge, Symphorien de Durfort se consola de sa défaite par les avantages qu'il remporta à Emblaves sur le capitaine L'Aumonerie, auquel il tua trois cents hommes.

La bataille de Dreux, où le prince de Condé et le duc de Montmorency, chefs de deux camps rivaux, furent faits prisonniers, tint un instant les deux partis en balance. Les gentilshommes qui combattaient sous les ordres du prince de Condé étaient : Le comte de Larochefoucauld, le vicomte de Rohan, le comte de Grammont, Soubise de Parthenay, et Symphorien de Durfort, baron de Duras. Orléans fut mis en état de siège. Poltrot assassine le duc de Guise. Coligny, Théodore de Bèze et les officiers du prince de Condé ne tardèrent pas à être déchargés des soupçons que l'assassin avait fait naître contre eux par des mensonges réitérés.

(5) L'abbé O'Oreilly, *Hist. de Verdelais.*

Peu de temps après, et pendant que le siège d'Orléans continuait avec ardeur, Symphorien de Durfort fut blessé sous les murs de cette ville par un éclat de pierre, et pendant qu'il était à la garde du pont, poste le plus périlleux de l'armée assiégée. Il mourut quelques jours après, à peine âgé de quarante ans. (1563.) (6)

Les assiégés de la ville d'Orléans furent profondément affligés de la perte de Symphorien de Durfort et de celle du capitaine Davaret, qui étaient les meilleurs officiers de l'armée de Condé. (7)

Les dépouilles mortelles de Symphorien de Durfort furent transportées à Duras et ensevelies dans l'église de la Magdeleine; on y voyait encore son tombeau en 1793.

François Ier, en mémoire des services rendus par François de Durfort, mort à la bataille de Pavie, avait attaché particulièrement à sa personne

(6) Mézeray.
(7) Villaret.

Symphorien, son fils. Il le fit gentilhomme ordinaire de sa chambre ; Symphorien avait épousé Barbe de Maupas, dame d'honneur de la reine C'est de François Ier qu'il tenait son titre de commandant des légionnaires de Guienne, qu'il porta avec tant de bravoure.

On ne peut que déplorer les excès dont Symphorien de Durfort fut l'auteur ou l'instigateur dans cette période sanglante des guerres de religion. Tout en faisant la part des temps, on doit toujours blâmer les excès, sous quelque prétexte, sous quelque forme qu'ils se présentent.

Les deux fils de Symphorien de Durfort, Jean et Jacques, suivirent, après la mort de leur père, le parti de la réforme. Lorsqu'arriva la sanglante journée de la Saint-Barthélemy, ils se mirent sous les ordres de l'amiral de Coligny, du prince de Condé et du jeune Henri IV, qui n'était encore que roi de Navarre. Coligny périt sous les coups des assassins.

Charles IX, effrayé de tant de massacres, fit venir vers lui le prince de Condé et le roi de Navarre, qui lui promirent de se soumettre désormais à la religion catholique. Le maréchal de Cossé, Montgommèry, de Ségur, Grammont, vicomte d'Aster, Jean et Jacques de Durfort Duras étaient réfugiés dans le faubourg Saint-Germain. Ils reçurent leur grâce du roi lui-même, mais toujours sous le serment qu'ils firent d'abandonner le protestantisme. (8) Ils écrivirent au Pape, qui leur donna l'absolution.

Après la mort de Charles IX, le prince de Condé et le roi de Navarre reprirent la religion réformée. Malgré les bulles d'excommunication lancées par le Pape Sixte V, la famille de Durfort Duras resta attachée au culte de ses pères. Elle ne se convertit à la religion catholique que sous Louis XIV. Ce fut l'œuvre du grand Bossuet.

(8) Mézeray.

CHAPITRE CINQUIÈME.

V.

La Ligue. — Henri IV. — Marguerite de Navarre. — Madame de Duras. — Duel entre Jean de Durfort et le vicomte de Turenne. — Lettre de Henri IV. — Lettre de Montaigne a Madame de Duras.

La protection toute particulière de Jeanne d'Albret pour la maison de Durfort Duras, et les périls d'une même guerre, avaient cimenté entre les deux familles une union indissoluble; aussi les deux fils de Symphorien de Durfort, Jean et Jacques, embrassèrent avec ardeur la cause du roi de Navarre, comme s'ils avaient déjà reconnu en lui le premier rejeton d'une tige royale.

Peu après la Saint-Barthélemy, lorsque le jeune Henri voulut faire lever les excommunications lancées contre lui et sa famille, il choisit Jean de Durfort pour faire remettre son appel au pape Grégoire XIII. (1573.) Toutes les sollicitations furent vaines : le Pape ne se laissa toucher par aucune promesse, et Jean de Durfort échoua dans sa mission. Sixte V fut aussi inflexible que son prédécesseur; il lança une bulle d'excommunication dans laquelle il déclara que le roi de Navarre était indigne de succéder à la couronne de France. (1)

Lorsque Charles IX eut expié, par une mort affreuse, les fautes de son règne, la branche de Navarre et les Condé soutinrent avec plus d'acharnement que jamais le parti de la réforme. L'avènement de Henri III au trône de France, contre les droits légitimes de Henri de Navarre, irrita le cœur

(1) Journal de Henri III. — Brantôme.

du jeune prince, qui s'échappa de la cour pour se mettre à la tête des huguenots. (1575.)

Dès lors commença cette guerre de rivalités qu'on appela la Ligue. Henri III cherchait à raffermir sur sa tête une couronne agitée par les vents de la discorde; Henri, duc de Guise, voulait éloigner du trône le prince de Béarn parce qu'il était hérétique. Malgré toutes les intrigues dirigées contre lui, Henri IV fut bientôt à la tête d'un parti puissant. Cependant le mariage qu'il avait contracté avec Marguerite de Valois devait le jeter au milieu de bien des périls. « EN DONNANT MA SŒUR « MARGOT AU PRINCE DE BÉARN, JE LA DONNE A « TOUS LES HUGUENOTS DU ROYAUME, » avait dit Charles IX.

Marguerite de Valois quitta la cour de France et se retira à Nérac avec son époux. Là, ils firent tous deux assaut de jalousie et de vengeance; lui, pour vaincre le caractère de sa femme; elle, pour recruter des partisans au duc de Guise. (2) Hen-

---

(2) Mémoires de Marguerite de Navarre.

ri III, qui ne demandait pas mieux que de voir régner la désunion entre les deux époux, fit remettre au roi de Navarre des lettres qui faisaient voir les intelligences de Marguerite avec le vicomte de Turenne; dès lors son courroux n'eut plus de bornes: elle excita les femmes qu'elle avait autour d'elle à semer la discorde parmi les gentilshommes attachés à la personne du roi de Navarre. Françoise de Montmorency, qu'on appelait *la belle Fosseuse*, Catherine de Bourbon, sœur du roi de Navarre, madame de Rebours, madame de Béthune et mademoiselle de Villesavin composaient cette petite cour où brillait encore, malgré son âge, madame de Duras, Barbe de Maupas, mère de Jean et Jacques de Durfort.

En 1538, Clément Marot avait déjà célébré en vers galants les grâces de la reine Marguerite. Il lui donnait le nom d'Anne, afin d'éviter les soupçons de son mari. Madame de Duras recevait aussi les louanges du poète; on trouve dans les œuvres de Clément Marot les vers suivants:

A Mademoiselle de Duras.

>Belle, quand la foi juras
>A Duras,
>Tu fus très bien estrenée ;
>Bien doulx avant ton aisnée
>L'enduras.

Ces vers sont une allusion aux malheurs de la belle-mère de Barbe de Maupas. Nous avons vu au chapitre III que Catherine de Gontaud, fille de Pons, baron de Biron, devint veuve après six ans de mariage; son mari, François de Durfort, fut tué dans une escarmouche, deux jours avant la bataille de Pavie.

Il faut faire observer au lecteur qu'on se servait alors du mot *Mademoiselle* pour désigner une personne de haut rang; ainsi, Montaigne, écrivant à sa femme, adressait ses lettres de cette manière : A Mademoiselle de Montaigne, ma femme.

C'est ce qu'on peut voir dans la correspondance de Montaigne.

Henri IV, qui protégeait tous les habitants du duché d'Albret et de toutes les provinces de la Guienne et de l'Agenais, adressa le 7 avril 1576 à Jean de Durfort, une lettre qui se trouve reproduite par plusieurs historiens. Elle est ainsi conçue :

« Monsieur de Duras, mes sujets de Castelmo-
« ron et juridiction de Gironde, m'ont fait enten-
« dre qu'outre les foulles et oppressions qu'ils re-
« çoivent pour le passage des gens de guerre,
« sont encore contraints de satisfaire à plusieurs
« contributions et levées de déniers qui se font
« sur eux par les garnisons circonvoisines ; à cette
« cause, je vous ai bien voulu écrire la présente,
« pour vous prier, Monsieur de Duras, les vou-
« loir favoriser en tout ce qu'il sera possible pour
« empêcher qu'ils ne soient tant travaillés ni con-
« traints à aucunes levées de déniers extraordinaires,
« en sorte que, pour être à moi, ils se ressentent
« de quelque support de soulagement, et recon-
« naissent que cette circonstance leur aura suffi
« en votre droit ; en quoi me ferez plaisir, et j'au-
« rai bien agréable, et que je reconnaîtrai d'aussi

« bon cœur, que je prie Dieu, Monsieur de Du-
« ras, vous avoir en sa sainte et digne garde.

Escript à Thouars, ce septième jour d'avril 1576.

Votre bon maître et amy,

(Signé) HENRY.

François Ier, par un édit donné à Cognac, en 1542 institua les trésoriers de France. L'organisation de ces trésoriers ne fut faite que sous le roi Henri III, en 1577; cette lettre fut donc écrite par Henri IV dans un moment où l'organisation de ces trésoriers n'existait pas. Jean de Durfort était trésorier de Henri IV pour les terres qui dépendaient de ses domaines.

Castelmoron, qui était une ville assez forte et assez peuplée du duché d'Albret, n'est plus aujourd'hui qu'un chef-lieu de commune du canton et de l'arrondissement de La Réole.

Au mois d'août 1578, le vieux Ussac, gouverneur de La Réole, homme impotent et de peu de valeur, se jeta dans les intrigues. Il abandonna son poste à Jean de Durfort; mais celui-ci n'était pas en faveur auprès du roi Henri IV; et l'emploi de gouverneur de La Réole fut donné à Antoine de Roquelaure. Le vicomte de Turenne était la principale cause du refroidissement qui survint entre Jean de Durfort et Henri IV. Le duel qui eut lieu plus tard fut le dénouement de ces intrigues.

Quelques auteurs modernes mettent au nombre des maîtresses de Henri IV une Madame de Duras (3). Cette assertion est mal fondée; car il n'existait à cette époque (1579) aucune Madame de Duras que celle dont je parle; et elle était âgée de près de cinquante ans. Il n'est pas probable que Henri IV, qui avait sous ses yeux des femmes plus jeunes et plus belles, eût jeté ses faveurs sur Madame de Duras. Voudrait-on parler de l'une de ses filles? C'est encore plus invraisemblable : elles furent toutes les deux mariées fort jeunes ; l'une, Marguerite, à Philippe de Belleville, comte de Caunac, et l'autre, qui se nommait Jeanne, à Georges de Foix, comte de Rabat (4).

---

(3) Saint Edme.
(4) Moreri. — Lachesnaye Desbois.

D'ailleurs, il est notoire qu'Henri IV, pendant son séjour à Nérac, ne chercha qu'à se venger, par ses assiduités auprès de la belle Fosseuse, des liaisons secrètes de sa femme avec le duc de Guise, et surtout avec le vicomte de Turenne et le duc d'Alençon. De là, cette petite guerre que les historiens appellent *la guerre des amoureux,* et qui s'ouvrit par un duel à la mode du temps.

Jean de Durfort et Henri de La Tour, vicomte de Turenne, se battirent en duel sur la grève d'Agen. Voici les motifs de cette querelle :

Durfort commandait la place de Casteljaloux. Il avait donné ordre à un de ses officiers nommé Lagarenne, de ne laisser entrer personne sans avoir examiné avec qui il avait affaire. Le vicomte de Turenne se présenta et voulut forcer la consigne, en prétendant que son titre de lieutenant du roi de Navarre lui donnait toute sorte de droits ; ses menaces ne furent pas écoutées, et l'entrée de la ville lui fut refusée. Il alla demander raison à Durfort de cet acte arbitraire. Le duel fut accepté. Le vicomte de Turenne avait pour second Jean de Gontaud, baron de Salignac; et Jean de Durfort, Jacques de Durfort, son frère; Jean de Durfort resta maître du terrain; les blessures que reçut son adversaire mirent sa vie en danger (1579).

M. de Chateaubriand, qui rapporte ce fait dans son ANALYSE RAISONNÉE DE L'HISTOIRE DE FRANCE, prétend que le vicomte de Turenne reçut traîtreusement dix-sept blessurses; et que Jean de Durfort fut accusé d'avoir porté une cotte de maille sous ses vêtements, et d'avoir aposté dix à douze hommes qui assaillirent son adversaire pendant le combat.

Quelque respectable que soit cette autorité, nous ne devons pas y ajouter foi entière. Les chroniqueurs de nos provinces n'ont jamais affirmé ce fait, et Brantôme les met en doute, vu, dit-il, la réputation d'honneur et de valeur où étaient les frères Duras (5). M. de Chateaubriand n'a fait une relation semblable que d'après les mémoires de Marguerite de Navarre, mémoires très suspects en cet endroit.

Une pareille trahison était faite pour allumer entre les deux familles une haine implacable, invé-

(5) Brantôme.

térée. Il n'en fut pas ainsi ; car le vicomte de Turenne, devenu maréchal de France, donna sa fille en mariage à Guy Aldonce de Durfort, fils de Jacques, dont il sera question plus tard.

Fatiguée de la fausse position qu'elle avait à Nérac, Marguerite de Valois se décida à repartir pour la cour de France, et entraîna avec elle la belle Fosseuse. Henri III fit de nouvelles démarches pour l'en chasser. Un gentilhomme chargé de lettres pour l'Italie, adressées au duc de Joyeuse, fut assassiné; on imputa ce crime à Marguerite de Valois, parce que (dit un auteur du temps) ces lettres contenaient les choses les plus odieuses sur son compte. Le roi lui reprocha de nouveau sa conduite passée ; elle quitta Paris en toute hâte. Arrivée à Palaiseau, elle fut arrêtée avec toute sa suite par un capitaine des gardes à la tête de soixante cavaliers. Madame de Duras, ainsi que Madame de Béthune, qui avaient continué à être attachées à sa personne, subirent à Ferrière un interrogatoire pardevant un prévôt qui dressa procès-verbal de leurs dépositions. (1585.) (6)

(6) Brantôme. — D'Aubigné.

Le roi de Navarre, auquel un affront si public ne resta pas caché, vit arriver son épouse à Nérac, la nuit, précipitamment, et il l'a reçut avec l'indifférence la plus marquée. Il la traita avec plus de mépris que jamais. Forcée de se réfugier à Agen dans les bras de quelques catholiques, elle crut reconquérir son autorité première; elle fit lever des troupes en Quercy, en Auvergne, et se déclara ouvertement pour le parti de la ligue. Elle confia son administration à Madame de Duras, et partit elle-même, à la tête de quelques troupes, pour aller assiéger Tonneins. La présence du roi de Navarre suffit seule pour la faire battre en retraite. Elle se jeta sur Villeneuve-d'Agen; mais au moment où ses soldats entraient dans la ville, le brave Cieutat fit annoncer à son de trompe l'arrivée du prince de Navarre. Cette fausse nouvelle la découragea entièrement. Elle rentra à Agen, où elle avait perdu toute considération, soit par sa conduite, soit parce que Madame de Duras avait prélevé sur le peuple, pendant sa courte absence, des impôts vexatoires de toute sorte.

Le 25 septembre 1585, la reine Marguerite éprouva grand embarras pour s'échapper d'Agen;

elle se fit précéder pendant la nuit de quelques émissaires afin d'éviter les huées de la populace; Madame de Duras, qui était à sa suite, eut le bonheur de trouver un sieur Lignerac, qui l'emporta en croupe derrière lui, et auquel on donna le surnom de *Chevalier de Belle Fleur*.

Tous les gentilshommes du Béarn, du Dauphiné et de la Guienne se joignirent à Henri IV pour déjouer les projets de la ligue. Jean et Jacques de Durfort se trouvaient avec le prince de Navarre à la bataille de Coutras. Ce fut un premier triomphe obtenu contre Henri III, qui voyait avec un œil d'envie les succès de son rival. (1587.)

Cette même année, Jean de Durfort fut tué près de Livourne, en Piémont, pendant les troubles qu'avaient suscités depuis plusieurs années les émissaires du prince de Condé dans les pays voisins de la France.

Jean de Durfort avait épousé Marguerite de Grammont, fille d'Antoine, vicomte d'Aster, et d'Hélène de Clermont. Ils n'eurent pas d'enfants.

On trouve dans les œuvres de Montaigne une

lettre écrite à Marguerite de Grammont, épouse de Jean de Durfort; l'auteur lui adresse un chapitre *des Essais*; je ne rapporte ici que quelques lignes de cette lettre :

A MADAME DE DURAS.

« Madame, vous me trouvastes sur ce pas der-
« nièrement que vous me veinstes veoir. Parce qu'il
« pourra estre que ces inepties se rencontreront
« quelquefois entre vos mains, ie veulx aussi qu'el-
« les portent tesmoignage que l'auteur se sent bien
« fort honoré de la faveur que vous leur ferez.
« Vous y recognoistrez ce mesme port et ce mesme
« air que vous avez veu en sa conversation. Quand
« i'eusse peu prendre quelque aultre façon que la
« mienne ordinaire, et quelque aultre forme plus
« honnorable et meilleure, ie ne l'eusse pas faict ;
« car, ie ne veulx rien tirer de ces escripts, sinon
« qu'ils me représentent à vostre memoire, au na-
« turel. Ces mesmes conditions et facultez, que
« vous avez praticquées et recueillies, Madame,
« avecques beaucoup plus d'honneur et de cour-
« toisie qu'elles ne méritent, ie les veulx loger,
« mais sans altération et changement, en un corps

« solide qui puisse durer quelques années ou quel-
« ques jours après moy, où vous les retrouverez,
« quand il vous plaira vous en refreschir la memoi-
« re, sans prendre aultrement la peine de vous en
« souvenir; aussi ne le valent-elles pas; ie desire
« que vous continuez en moy la faveur de vostre
« amitié, par ces mesmes qualités par le moyen
« desquelles elle a esté produicte. »

Pour le reste de la lettre, où il est question de l'art de la médecine, je renvoie le lecteur aux œuvres de Montaigne.

D'après les assertions de M. de Saint-Amans, dans *son Histoire du département de Lot-et-Garonne*, il faudrait admettre que Jean et Jacques de Durfort étaient des partisans de la ligue. Les évènements qui précédèrent cette époque de discordes civiles, et ceux qui la suivirent, indiquent d'une manière certaine que cette famille était entièrement dévouée à Henri IV. Nous en avons cité des preuves; mais nous sommes heureux de rendre ici un hommage sincère à la mémoire de M. de Saint-Amans pour les recherches précieuses consignées dans son ouvrage, et les travaux pénibles qu'il a faits à travers le dédale des chroniques de notre pays.

Lorsque Henri IV, après la bataille d'Arques et d'Ivry, voulut donner des honneurs et des récompenses à ses plus fidèles serviteurs et à ses compagnons d'armes, il nomma Jacques de Durfort capitaine de cinquante hommes d'armes des ordonnances du roi; peu de temps après, en 1609, Jacques de Durfort fut fait conseiller d'Etat, et sa terre de Duras fut érigée en marquisat. (7) L'année suivante, 1610, Henri IV fut assassiné par Ravaillac.

---

(7) Moreri. — Lachesnaye-Desbois.

CHAPITRE SIXIÈME.

VI.

Un épisode des guerres de religion. — La procession de Saint-Marc a Duras le 25 avril 1619. — Jacqueline de Miramont. — Le Marquis de Duras préside a Sainte-Foy (la Grande) une assemblée de pasteurs de l'église réformée.

La maison de Durfort Duras, après avoir pris une part active aux guerres de religion qui troublèrent le règne de Charles IX et de Henri IV, continua sous Louis XIII à suivre le parti de la réforme. Les horreurs de la guerre civile n'avaient pas attiédi la vengeance que fomentaient dans les cœurs les nouveaux favoris de la Cour.

Jacques de Durfort, qui avait mérité les faveurs particulières de Henri IV, était à la tête des réformés avec MM. de Caumont-Laforce et de Biron. En 1598, il avait prétendu à la main de la sœur du maréchal de Biron. M. de Caumont-Laforce était bien désireux de ce mariage : au mois d'octobre de ladite année il écrivait à sa femme, qui était la sœur aînée du maréchal : « Je presse « fort M. le duc de Biron de satisfaire aux som- « mes qu'il doit à votre sœur, ou autrement qu'il « lui ferait perdre le parti de M. de Duras ; il y a « beaucoup d'affection ; mais je vois bien que ses « affaires ne sont pas pour y pourvoir sitôt. » (1)

Le mariage n'eut pas lieu. Jacques de Durfort, marquis de Duras, épousa en 1603 Marguerite de Montgomméry, fille de Jacques, comte de Montgomméry, et de Pernelle de Champagne.

---

(1) *Mémoires de Nompar de Caumont, duc de Laforce.*

Dès le mois de février 1619, toutes les provinces du Midi étaient sous les armes. Un des sièges les plus remarquables fut celui de La Réole, que le duc du Maine entreprit contre M. de Roquelaure, gouverneur de cette ville.

L'ambition de Marie de Médicis, reine-mère, l'inexpérience de Louis XIII, déclaré majeur à l'âge de quatorze ans, furent la cause de bien des maux. La reine-mère, après le meurtre de Concini, maréchal d'Ancre, son favori, fut disgraciée, et se retira à Blois, lieu d'exil qui lui fut assigné par le duc de Luynes, ministre du roi. (1617.) Deux partis se trouvèrent en présence : D'un côté, Marie de Médicis voulait fouler aux pieds les libertés acquises aux protestants par l'édit de Nantes ; de l'autre, Louis XIII faisait toutes sortes de concessions aux protestants, afin de leur laisser toute leur indépendance, et continuer l'œuvre de son père. Marie de Médicis, quoique réléguée au château de Blois, conserva dans les provinces une certaine influence, à l'aide des manœuvres du duc d'Epernon, qui finit par faire cesser sa captivité.

Tels furent les évènements qui avaient préparé

dans les provinces la discorde et la guerre civile. Un épisode, qui n'eut point de suites fâcheuses, se passa à Duras le 25 avril 1619.

Jacques de Durfort Duras avait alors soixante-douze ans. Le père Daniel rapporte qu'il était d'une obésité prodigieuse. Il avait eu de Marguerite de Montgomméry deux enfants : Henri et Guy Aldonce, tous les deux fort jeunes à cette époque. Une jeune fille, du nom de Jacqueline, attachée depuis plusieurs années au service du château, avait pris un tel ascendant sur ses maîtres, que le vieux marquis en avait fait l'intendante de sa maison; tous les autres domestiques, valets, serviteurs et voisins la reconnaissaient pour une seconde maîtresse : Elle était née à Miramont.

Duras était divisé à cette époque en deux camps rivaux : Le temple des protestants, que l'on appelait l'église de la Magdeleine, était bâti au centre de la ville; c'était là que se rendaient les seigneurs de Duras pour assister aux prédications des ministres luthériens. C'est sur les ruines de cet édifice que l'on a construit l'église actuelle. Celle qui servait alors au culte catholique était située au pied de la colline du côté du levant, à un quart-d'heure de la ville; elle était érigée sous le patronage de Saint-Eyrard, dont elle portait le nom. On voit encore à Saint-Eyrard quelques murailles à fleur de terre; et le défrichement récent du cimetière qui s'y trouvait, a mis à découvert des tombes de pierre d'un seul bloc, d'une dimension considérable.

Le culte catholique avait encore dans la ville un Prieuré, établi sous la règle de Saint-Benoît, et desservi par un prêtre séculier. Ce Prieuré était situé dans la rue qui porte aujourd'hui le nom de rue du Prieuré.

Le 25 avril 1619, qui était un jour de samedi, une foule de fidèles s'étaient rendus à l'église paroissiale de Saint-Eyrard pour assister aux offices et à la procession de Saint-Marc. Le curé sortit de son église, suivi d'une multitude considérable : Les assistants, venus ce jour-là en plus grand nombre, semblaient avoir le pressentiment de quelques troubles. La procession devait se diriger vers la ville, et recevoir la bénédiction dans la chapelle du Prieuré. Quel ne fut pas l'étonnement de tous les assistants lorsqu'arrivés aux portes de la ville, ils les trouvèrent fermées ! Le marquis de Duras, dont les fils étaient encore trop jeunes pour se mettre à la tête du mouvement, n'avait pas trouvé de plus vaillant défenseur de la religion réformée que Jacqueline, l'intendante de sa maison. Cette femme, par l'ordre des consuls de la ville, avait levé une petite troupe de jeunes gens bien déterminés ; ils étaient tous munis de bâtons et de lances, et bien décidés à s'en servir à la première opposition qu'ils rencontreraient. Jacqueline fit ouvrir les portes à demi, se présenta au prêtre, et, le prenant par son pluvial, elle lui demanda de quel droit il faisait toutes ces drôleries ; (2) elle lui enjoignit en même temps l'ordre de partir avec toute sa suite, s'ils ne voulaient pas être tous massacrés ; tout le monde fut effrayé de ces menaces. Le curé répondit que les seigneurs de Duras avaient toujours toléré les cérémonies du culte catholique, et que c'était la première fois que les fidèles étaient inquiétés. A ces mots, les cris et les menaces redoublèrent ; Jacqueline fit refermer les portes de la ville. Le curé se voyant ainsi repoussé, et crai-

---

(2) Argenton. — M. de Saint-Amans.

gnant quelque collision fâcheuse, ordonna qu'on revint sur-le-champ à Saint-Eyrard.

Le soir même, la maison du Prieur fut envahie par les factieux. On força le vénérable abbé à quitter son poste. Il se dirigea le lendemain vers Agen, portant à l'évêché une plainte signée de lui et du curé de Saint-Eyrard. Il ne fut pas donné suite à cette plainte. La mort de Monseigneur Nicolas Villars avait laissé vacant le siège de l'évêché d'Agen. Monseigneur Claude Gélas, qui remplaça Monseigneur Villars, ne prit possession de son siège que plus tard; il rétablit à Saint-Eyrard le culte des cérémonies catholiques, ainsi que dans les autres paroisses où ce culte avait été abandonné.

Les années qui suivirent, et jusqu'en 1624, il y eut en Agenais et dans toute la Guienne, des combats sanglants entre les protestants et les catholiques.

Dès 1621, à Sainte-Foy (la Grande), une assemblée nombreuse des pasteurs et des anciens de toutes les églises et communautés de la Basse-Guienne fut réunie. Monsieur le marquis de

Castelnaut, un des fils du duc de Caumont-Laforce, s'exprime ainsi à ce sujet dans une lettre que l'on trouve dans les *Mémoires* de son père : « Mon-
« sieur de Duras, le bonhomme, s'y trouva aus-
« si, qui y présida, et aussi Monsieur le marquis
« de Laforce; le premier, il y avait bon nombre
« d'années qu'il n'y était venu; et l'autre, il n'y
« avait jamais été. »

Tous ces troubles attirèrent sur le pays des démonstrations hostiles. Le roi voulut absolument les réprimer. Nous trouvons l'expression des alarmes du parti protestant dans une lettre empreinte de courage et de noblesse de M. le duc de Laforce, adressée au roi Louis XIII, le 13 février 1621.

« Et bien que nous estimons que Votre Ma-
« jesté a trop de prudence pour vouloir mettre
« son royaume en si éminent péril, la fidélité de
« ses sujets au décri, son autorité au rabais, les
« mauvaises intentions de plusieurs en montre,
« et les maximes de Henri-le-Grand en oubli, et
« trop d'humanité encore pour vouloir convertir
« vos villes en cimetières, votre France en un
« désert, finalement trop de justice pour vouloir

« épandre le sang de tant de gens de bien, qui
« l'ont prodigué pour en arroser les fleurs de lys.
« Pardonnez, Sire, au zèle d'un vrai chrétien et à
« la franchise d'un vrai Français, etc.

En 1622, Louis XIII envoya le duc d'Elbeuf pour contenir les révoltés dans les provinces. Le duc d'Elbeuf fut obligé de mettre une garnison dans le château de Duras, parce que la ville était remplie de perturbateurs. Tous les gens du château furent gardés à vue; un sieur Rivière s'enfuit de Duras pour se réfugier à La Rochelle. Il fut arrêté comme traître au parti protestant : c'était un intrigant qui faisait beaucoup de tapage, et qui avait des intelligences avec les personnes attachées à M. de Lescun, un des catholiques les plus irrités.

Le pays était tellement livré à l'anarchie et au désordre que Louis XIII, venant de Sainte-Foy, le 28 mai 1622, passa pour se rendre à Marmande par Monségur et Saint-Vivien, en évitant Duras; cependant, il voyageait en pays conquis : La forteresse de Monheurt avait succombé, Tonneins était rasé de fond en comble, et Marmande était tranquille. (3)

Enfin, cette même année, l'édit de Nantes fut confirmé et accorda aux protestants tous les avantages et les libertés de leur culte.

Le duc de Caumont-Laforce fut nommé maréchal de France.

Jacques de Durfort, marquis de Duras, fut fait comte de Rauzan en 1625. Il mourut d'apoplexie, à Duras, au mois d'avril de l'année suivante, âgé de 79 ans.

(3) Bassompierre.

CHAPITRE SEPTIÈME.

VII.

Guy Aldonce de Durfort Duras. — Ses douze enfants. — Le duc de Lorge.

Il existait dans notre ancienne dynastie un usage consacré par le temps et par la sagesse de nos rois. Les enfants des familles nobles ou illustres dans les armes entraient à la Cour de bonne heure, pour y faire leur éducation sous les yeux du monarque : élevés avec les princes et avec les enfants des princes, participant aux mêmes idées de magnanimité, de vertu, de courage, ils devenaient quelquefois les modèles de ceux qu'ils étaient appelés à imiter. Dans les parlements, aux palais, à l'armée, l'autorité de leur parole ou de leur épée contrebalançait parfois les excès du pouvoir. Quels noms plus beaux que ceux des Turenne, des Condé, des Rohan, des Montmorency!

Si l'ancienneté ajoute de l'ascendant à la noblesse, la famille de Duras peut disputer ce privilège à toutes les autres. Des services éminents, des actes de courage et de dévouement, lorsque les dangers de la patrie l'appelèrent sous les armes, firent de cette famille un des plus fermes appuis du trône; et sa grandeur s'accrut en même temps que son utilité se fit reconnaître.

Guy Aldonce de Durfort, fils de Jacques de Durfort et de Marguerite de Montgomméry, prit une part active aux révoltes que les seigneurs et les grands du royaume suscitèrent contre le despotisme de Richelieu. La confirmation de l'édit de Nantes n'avait fait qu'apaiser un instant les discordes religieuses. Après la prise de La Rochelle (1628), la guerre continua. Un grand nombre de villes se déclarèrent indépendantes; il fallut les soumettre. L'Espagne, l'Italie et l'Allemagne étaient armées contre la France. Richelieu triompha de tous les obstacles. On signa le 27 juin 1629, à Alais, un traité de paix. Le duc de Rohan, l'âme du parti protestant, fut exilé. Son patriotisme ne l'abandonna jamais. Il se retira à Venise; et de là il sut se rendre utile à la France dans certaines missions particulières qui lui furent confiées en Suisse et en Italie.

Guy Aldonce de Durfort se trouvait à Bois-le-Duc, en Hollande, lorsque le traité d'Alais fut signé. Bois-le-Duc était une ville fortifiée qui s'était déclarée indépendante, et où le marquis de Duras s'était retiré pour surveiller et commander les mouvements des réformés. Cette ville capitula. Il rentra en France. (1) Quelques années après, en 1635, il prit du service en Italie, dans l'armée du maréchal de Créqui; il servait sous les ordres du duc de Rohan. Il fut nommé mestre de camp en 1637, et plus tard, il fut fait colonel.

Il portait les titres de marquis de Duras, comte

(1) *Mémoires de Nompar de Caumont, duc de Laforce.*

de Rauzan, baron de Pujols, de Blanquefort et de Landerrouët, seigneur de Cypressac, possessions qui relevaient toutes du duché de Guienne.

De son mariage avec Élizabeth de La Tour, fille de Henri de La Tour, vicomte de Turenne, et frère du Grand Turenne, il eut douze enfants dont les noms suivent, avec leur esquisse biographique :

1º Guy Aldonce, mort jeune ;
2º Jacques-Henri, premier duc de Duras ;
3º Frédéric-Maurice, comte de Rauzan ;
4º Guy Aldonce, duc de Lorge ;
5º Charles-Henri, comte de Montgomméry, mort jeune ;
6º Louis, comte de Fewersham ;
7º Henri, baron de Pujols ;
8º Godefroy, comte de Rauzan ;
9º Louise-Marie-Magdeleine, morte jeune ;
10º Henriette, mariée en 1653 au marquis de Bourbon-Malauze ;
11º Isabelle, mariée à Frédéric-Charles de Larochefoucauld, comte de Roye et de Roucy ;

12º Marie, dame d'honneur de la duchesse d'Orléans.

Jacques-Henri de Durfort, en faveur duquel Louis XIV érigea le marquisat de Duras en duché, est le chef de la branche aînée. Un chapitre particulier lui sera réservé ultérieurement. Ne parlons pour le moment que de ses frères et sœurs.

Frédéric-Maurice, comte de Rauzan, fut du nombre des séditieux qui, pendant la minorité de Louis XIV, suivirent le parti du cardinal de Retz, coadjuteur de Paris, contre la reine-mère, régente, et Mazarin, son ministre. La Cour, humiliée par toutes sortes de complots et de libelles diffamatoires, employa le moyen extrême de bloquer Paris, et se retira à St-Germain-en-Laye. Le blocus dura deux mois. Frédéric-Maurice y perdit la vie. (1649.)

Guy Aldonce, orphelin à l'âge de cinq ans, commença à quatorze ans à porter les armes sous le vicomte de Turenne, son oncle maternel. S'étant signalé en Flandre, en Hollande, et surtout au siège de Nimègue, dont il avait la direction, il parvint par sa bravoure au grade de lieutenant-général; il servait en cette qualité dans l'armée de Turenne lorsque ce grand homme fut atteint par le boulet qui lui ôta la vie, au moment où il se disposait à livrer bataille à Montecuculli. Guy Aldonce de Durfort n'était alors que comte de Lorge (1675). Il prit le commandement en chef de l'armée à la place de Turenne, en attendant M. le prince de Condé qui fut mandé en toute hâte. Le comte de Lorge, cherchant plutôt à sauver l'armée qu'à acquérir de la gloire, fit à Althenheim cette retraite admirable qui lui valut le bâton de maréchal de France. (1676.) M. le Prince, ayant reçu l'ordre de prendre le commandement de l'armée de Flandre en remplacement de Turenne, disait : « J'AVOUE QUE J'AI QUELQUES BELLES ACTIONS; MAIS JE DIS, AVEC VÉRITÉ, QUE J'EN DONNERAIS PLUSIEURS DE CELLES-LA POUR AVOIR FAIT CELLE QUE M. LE COMTE DE LORGE VIENT DE FAIRE A ALTHENHEIM. »

On ne peut apprécier le mérite de cette action qu'en lisant dans l'histoire contemporaine le découragement profond et la terreur qui se répandirent dans l'armée de Turenne, au moment de la mort de ce grand homme.

Au mois de mai 1676, le comte de Lorge fut nommé capitaine des gardes du corps. Jacques-Henri, son frère aîné, avait cette dignité depuis 1672 : ce qui fait dire à Mme de Sévigné, dans une de ses lettres : « CES DEUX FRÈRES DEVIENNENT JUMEAUX. »

Non seulement des rapports intimes de famille, mais encore la haute dignité que chacun d'eux occupait à la Cour de Louis XIV, tout avait contribué à unir les deux frères par les liens les plus parfaits.

Le maréchal de Duras aimait, dans les derniers temps de sa vie, à venir passer quelques jours à Duras. Dans une visite que firent à Duras les deux frères, ils furent invités à aller au château d'Antoniat, près de Périgueux, chez Mme Lagrange-Chancel. Là se trouvaient Mme la princesse de Conti, M. le marquis de Sourdis et quelques autres personnages éminents de la Cour. — C'était au mois de septembre 1687. On y applaudissait aux premiers essais du jeune Lagrange-Chancel, qui, à peine âgé de dix ans, composait des comédies et des pièces de théâtre remarquables, surtout par la versification.

Au mois de janvier 1689, M. de Lorge commanda en Guienne où l'on appréhendait une descente des ennemis ; cette même année il fut fait général en chef de l'armée qui stationnait entre la Meuse et l'Alsace. Il commandait en l'absence de monseigneur le Dauphin. Le 16 septembre 1692, il s'empara de la ville de Pforzheim, située entre Philisbourg et Dourlach, et que les Allemands étaient venu secourir: quarante escadrons allemands furent mis en déroute complète ; deux pièces de canon, deux paires de timbales, neuf drapeaux, un grand nombre d'officiers ainsi que leur général en chef, un major de Bavière et trois cents cavaliers furent faits prisonniers. Neuf cents hommes restèrent sur le champ de bataille. Les Français ne perdirent qu'un maréchal-des-logis, un cavalier et six dragons. (2)

(2) Lettres de Racine à Boileau.

Louvois n'aimait pas la famille de Duras, pas plus que celle de Turenne dont la gloire lui faisait ombrage. Lorsque le commandement en chef de l'Alsace fut vacant par la mort de Vanbrun, Louvois l'offrit au comte de Lorge; quoique la fortune de M. de Lorge fût très médiocre, et que ce commandement ne valût pas moins de cinquante mille livres de rente, il refusa en disant: « CE QUI EST « BON POUR UN CADET DE NOGENT NE L'EST PAS « POUR UN CADET DE DURAS. » Il avait compris la politique de Louvois, qui jalousait toute sa famille, et qui ne lui faisait ces offres que pour se dispenser de lui donner le bâton de maréchal de France: le bâton de maréchal de France, il le gagna par son habileté et sa bravoure à la retraite d'Althenheim. Il avait hérité des talents militaires de son oncle Turenne. (3)

Louis XIV érigea en duché la terre de Quentin, en Basse Bretagne, que mademoiselle de Frémont avait apportée en mariage à M. de Lorge. Devenu vieux, et sentant ses forces s'affaiblir de jour en

(3) Hume.

jour, le duc de Lorge céda son commandement au maréchal de Villeroy. Il mourut à Paris au mois d'octobre 1702, après avoir reçu de l'abbé Anselme, prédicateur fameux, les secours de la religion. La famille de Duras avait abjuré longtemps avant cette époque la religion protestante, dans les circonstances que nous verrons dans le chapitre suivant.

De son mariage avec Mlle de Frémont, le duc de Lorge eut plusieurs enfants. Le fils aîné, qui se nommait Guy-Michel de Durfort, se maria à Élizabeth-Philippine de Poitiers le 12 juillet 1728. Les noces furent célébrées à l'hôtel d'Évreux, dans le faubourg St-Honoré : il y eut une belle pompe et une si grande magnificence que le narrateur vigilant des *Chroniques de l'Œil-de-Bœuf* ne manque pas de nous rapporter que le comte de Durfort et le chevalier de Lorge (frère puîné de Guy-Michel) se firent remarquer dans plusieurs ballets, qui furent exécutés sous la direction de Blandy, maître des ballets à l'Opéra.

Guy-Michel de Durfort fut commandant de la province en 1762. Il avait fixé son séjour à Agen, où il demeura pendant quelque temps, logé à l'hôtel de l'Évêché. Le maréchal de Richelieu et le duc de Choiseul lui avaient assigné ce poste de confiance.

Une fille du maréchal de Lorge, Geneviève-Marie, fut mariée à Antoine de Caumont, duc de Lauzun ; une autre épousa le duc de St-Simon, qui a écrit les mémoires de son temps, aujourd'hui si appréciés. « On trouve dans ces mémoires, « dit M. Villemain, le style de cour dans un « homme de génie, le style sans frein dans un « homme plein d'honneur et de vertu ; enfin, ce « qui est plus rare, l'entière sincérité de l'écri- « vain. » (4)

Le maréchal de Lafeuillade épousa une autre fille du duc de Lorge. M. de Lafeuillade avait fait placer quatre reverbères autour de la statue de Louis XIV, sur la place des Victoires. Un plaisant gascon lança cette épigramme :

« Lafeuillade, sandis ! jé crois que tu mé vernes,
« De placer lé soleil entré quatre lanternes ! »

(4) Villemain, *Cours de littérature.*

Le duc de Lafeuillade, par son testament du 29 juin 1687, légua tous ses biens à son fils aîné, à charge de substitution à tous les aînés mâles qui en naîtraient ; et à leur défaut, ces biens devaient passer à la maison d'Aubusson, et encore, et à défaut de ceux-ci, à la ville de Paris, à la condition expresse de conserver à perpétuité, dans son entier, dans toute sa beauté, avec ses ornements, la statue de Louis XIV, érigée sur la place des Victoires, et d'entretenir les lumières établies pour éclairer ladite place.

La révolution de 1793 détruisit ce monument élevé à la gloire par la fidélité.

CHAPITRE HUITIÈME.

VIII.

Marie et Isabelle de Durfort Duras. — Bossuet. — Le ministre Claude. — La famille de Durfort Duras abjure la religion protestante.

Marie et Isabelle de Durfort Duras furent les premiers instigateurs des conversions qui s'opérèrent en 1668.

Bossuet n'était encore qu'archidiacre de l'église de Metz lorsqu'il déploya ses talents naissants par la réfutation d'un catéchisme général de la réformation, publié par Paul Ferry, l'un des docteurs du protestantisme. Devenu doyen de l'église de Metz, il s'attira l'admiration générale par ses sermons, remplis d'érudition et d'éloquence. Louis XIV, qui aimait à encourager tous les talents, le manda à Paris, où quelques années plus tard il se voua tout entier à l'éducation du Dauphin, pour lequel il écrivit l'immortel discours sur l'histoire universelle. A Paris, Bossuet rencontra les mêmes antagonistes qu'à Metz. Les querelles religieuses qui occupèrent tous les penseurs de cette époque mirent en relief les sermons du ministre Claude, qui était gouverneur de l'église réformée de Charenton. Jean Claude était né en 1619, à La Sauvetat d'Eymet, en Agenais. Ses partisans le mirent en parallèle avec Bossuet. Tous les protestants des familles nobles et distinguées, qui ne pouvaient entendre Bossuet, se pressaient au pied de la chaire du ministre de Calvin. Le duc de Lorge, touché de l'éloquence de Bossuet, soit par les conversions nombreuses qui s'opéraient, soit par les récits merveilleux qu'on lui rapportait, prit le parti de les consulter séparément et à l'insu l'un de l'autre. Bossuet lui prouva l'antiquité de la prière pour les morts, l'une des questions qui divisent les protestants et les catholiques, et lui montra dans St-Augustin que ce docteur de l'église avait prié pour Ste-Monique, sa mère. M. Claude ne le satisfit pas sur ce point.

M. de Lorge voulut, pour terminer d'éclairer sa raison, les voir aux prises tous les deux. Isabelle de Durfort, comtesse de Roye, qui était infiniment attachée à la religion de ses ancêtres, consentit, après beaucoup de sollicitations, à tenir chez elle la conférence projetée; car les liens qui unissaient sa famille à celle de Rohan allaient être brisés. Cette conférence se tint un soir d'hiver. La discussion se prolongea fort avant dans la nuit; on traita deux questions principales : l'exposition de la foi, et l'autorité de l'Église. Tous les personnages de distinction qui se trouvaient réunis chez Mme la comtesse de Roye, entr'autres M. de Turenne, furent frappés des vérités exposées par Bossuet. L'autorité et l'ascendant de sa parole faisaient des miracles. Le duc de Lorge communiqua à M. de Duras et à M. de Turenne la résolution qu'il venait de prendre de se convertir à la religion catholique. Tous les deux l'embrassèrent affectueusement en lui disant qu'ils venaient de prendre la même détermination. Ces conversions furent tenues secrètes pendant quelques jours, et amenèrent peu de temps après celle de toute la famille. Le ministre Claude se réfugia en Hollande après la révocation de l'édit de Nantes; il mourut peu d'années après à la Haye. Il a laissé des ouvrages de controverse très volumineux. La famille de Claude existe encore à La Sauvetat-du-Drot, où cet homme distingué était né.

Louis de Durfort Duras, le sixième des enfants de Guy-Aldonce, porta d'abord les titres de comte de Durfort et de marquis de Blanquefort. Il passa en Angleterre après avoir été attaché pendant quelque temps à la Cour du roi de France; Charles II le fit lord sous le nom de baron de Duras. Envoyé ambassadeur extraordinaire de Sa Majesté britanique à la Cour de France, à l'époque de la paix de Nimègue, il fut comblé des bontés de Louis XIV, qui avait un grand attachement pour sa famille. Devenu premier écuyer de la reine d'Angleterre, veuve de Charles II, il épousa, en 1676, Marie Sonde, fille de George Sonde, comte de Fewersham. Il fut ensuite nommé vice-roi d'Irlande ; plus tard, il fut fait généralissime des armées du roi Jacques ; et il remporta à Sedgemore une grande victoire sur le duc de Montmouth, qu'il retint prisonnier. Le fameux Churchill, plus connu en France sous le nom de Marlborougk, fit ses premières armes sous lui. On trouve à la bibliothèque de Blenheim des manuscrits où l'on voit que Marlborougk se glorifie d'avoir été l'élève de Turenne et du comte de Fewersham.

Louis de Durfort, comte de Fewersham, mourut en Angleterre, sans laisser de postérité, le 19 avril 1709, âgé de soixante-onze ans. Il était chevalier de l'ordre de la Jarretière. Une chose digne de remarque dans la noblesse française, c'est qu'il fut le second de sa famille qui porta les insignes de cet ordre. Nous avons vu précédemment que Galhard de Durfort Duras, quatrième du nom, reçut de Henri VI la décoration de l'ordre de la Jarretière.

Henri de Durfort, baron de Pujols, fut capitaine d'une compagnie française des troupes auxiliaires envoyées sur les côtes du Portugal contre les Espagnols. Il fut assassiné par ses inférieurs, dans son équipage, le 9 juillet 1662.

Godefroy de Durfort, comte de Rauzan, faisait partie de l'expédition entreprise pour secourir l'île de Candie assiégée par les Turcs, en 1668. Ce fut en quelque sorte une nouvelle croisade, conçue par le pape Clément IX. Le duc de Beaufort, le grand agitateur de la Fronde, prit sept mille hommes sous son commandement. Trois cents gentilshommes français, parmi lesquels on remarquait des officiers distingués, partirent équipés et nourris aux frais de M. de La Feuillade. Ce ne fut que sur les vives instances de M. de Turenne, son oncle, et du cardinal de Retz, que Godefroy de Durfort consentit à faire partie de l'expédition, avec M. de Roannes et le comte de St-Paul. Le siège était dirigé par le grand visir Cuproli. Les généraux de Louis XIV se couvrirent de gloire. Godefroy de Durfort fut tué dans une sortie dirigée par le duc de Beaufort, qui périt lui-même dans le fort de l'action.

Isabelle de Durfort fut mariée en 1656 à Frédéric-Charles de Larochefoucaud, comte de Roye et de Rouci, lieutenant-général des armées du roi de France, et qui devint grand maréchal de Danemarck.

Les conférences religieuses dont nous avons parlé, s'ouvrirent chez Mme la comtesse de Roye, autant par l'instigation de cette dernière que par l'entremise de M. de Duras, son frère aîné, et du duc de Lorge principalement. Elles entraînèrent la conversion de plusieurs grandes familles (1668.)

Par suite de la révocation de l'édit de Nantes, les protestants furent poursuivis et bannis du royaume. L'Angleterre et le Danemarck leur offrirent un asile. M. le comte de Larochefoucaud ne voulut point abjurer la religion protestante. Il s'exila avec son épouse et ses deux filles, et se réfugia en Danemarck. Deux garçons, encore en bas âge, furent élevés en France par M. de Duras et M. de Lorge, leurs oncles.

M. de Larochefoucaud, qui était un habile officier français, fut fait grand maréchal de Danemarck, après quelques mois de séjour dans cette Cour étrangère. Lui et sa famille jouissaient très particulièrement des faveurs de la maison royale, lorsque, un jour, à table, la comtesse de Roye, tournant en ridicule le costume de la reine, dit en souriant, et du bout des lèvres, à une de ses filles assise à son côté : « LA REINE RESSEMBLE A Mme PANACHE. » Qui est cette dame Panache, s'écria la reine ? La comtesse de Roye, toute confuse que ses paroles eussent pu être entendues, chercha à s'excuser en disant que c'était une dame de la Cour de France qui se nommait ainsi. On alla aux renseignements. Le comte de Larochefoucaud fut disgrâcié. Il passa en Angleterre avec sa femme et ses enfants. Il mourut aux eaux de Bath en 1690. La comtesse de Roye mourut à Londres en 1715, âgée de quatre-vingt-deux ans. (1)

Marie de Durfort Duras, douzième enfant de Guy-Aldonce, abjura le protestantisme entre les mains de Bossuet, dans l'église des Pères de la Doctrine chrétienne à Paris. Elle fut dame d'honneur d'Henriette--Anne d'Angleterre, duchesse d'Orléans.

(1) St-Simon, *Mémoires.*

CHAPITRE NEUVIÈME.

IX.

Jacques-Henri de Durfort Duras. — Duras est érigé en duché. — Le maréchal de Duras et le maréchal de Villeroy.

En retraçant l'esquisse biographique de Jacques-Henri de Durfort Duras, premier duc de Duras, et frère aîné de ceux dont nous venons de parler, mes souvenirs se trouvent mêlés à chaque instant aux faits les plus mémorables de notre histoire, la grandeur, la magnificence, le génie qui ont présidé au règne de Louis XIV. Dans le cadre restreint que je me suis tracé, j'éviterai les digressions, qui ne feraient que rappeler les pages savantes écrites par les habiles politiques et les brillants écrivains dont la France s'honore.

Jacques-Henri de Durfort Duras naquit le 9 octobre 1626. Il fit ses premières armes sous le commandement du maréchal de Turenne, son oncle, avec Guy-Aldonce de Durfort Duras, son frère, qui fut duc de Lorge Quintin, et dont nous avons parlé précédemment. Il était capitaine dans un régiment de l'armée de Turenne.

Pendant les guerres de la Fronde, qui troublèrent la minorité de Louis XIV, Jacques-Henri de Durfort Duras suivit d'abord le parti de M. de Turenne. Il était mestre de camp sous lui à l'époque où ce grand capitaine forma une petite armée avec l'argent de l'Espagne, et réunit sous ses drapeaux toute la noblesse de la Guienne, de l'Auvergne et du Poitou: c'étaient MM. de Bonneville, de Rochefort, de Duras, de Tavanne, de Foix, de Grammont, de La Suze, etc.

Turenne et ses gentilshommes marchèrent sur

Bordeaux à la tête d'une petite armée de partisans. Ils furent déclarés criminels de lèse-majesté. Cette guerre, que l'on appelle la seconde Fronde, était fomentée par des intrigues de femmes. Celles qui jouèrent les rôles principaux étaient : Mme la princesse douairière, fille du vieux connétable de Montmorency et mère du grand Condé, Mme de Longueville et Mme de Chevreuse. Mlle de Montpensier, du haut des créneaux de la Bastille, repoussait à coups de canon l'armée royale. La duchesse de Châtillon commandait la ville de Saintes. La reine-régente arriva à Bordeaux pour tenter quelque négociation ; mais, La Réole, Langon, Bazas, Mont-de-Marsan avaient déjà fait leur soumission. Le roi, pour ôter à la ville de Bordeaux toute influence, ordonna que le Parlement de cette ville fut transféré à Agen. Les magistrats obéirent. Il s'en suivit une capitulation et une soumission entière à Louis XIV. Ce fut M. le prince de Conti qui traita de cette paix. Le duc d'Épernon y contribua beaucoup aussi. (1649.)

Louis XIV vint à Bordeaux au mois d'octobre 1650, et l'armée du prince de Condé fut dispersée. L'esprit français, ingénieux et frivole, trouva dans la signature de Condé: Loïs DE BOURBON, l'anagramme suivant: *Bon Bourdelais;* ce qui valut à Condé, malgré sa disgrâce, l'affection particulière des habitants de Bordeaux. (1)

Jacques-Henri de Durfort, qui s'était déclaré pour le parti de Condé, ainsi que les autres seigneurs de l'Agenais, Lauzun, Biron, Castelmoron, tomba dans une disgrâce entière, et perdit son grade de mestre de camp. Mais peu après, il fut fait lieutenant-général. Il servit en cette qualité en Italie et en Flandre, à l'époque de la conquête de cette province par l'armée de Turenne. (1658.) Il se distingua à Marienthal, à Nortlingen, au siège de Maseik, ainsi qu'à la prise de Landau et à celle de Trèves; il combattait au siège de Landau à côté de Charles de Gontaud, duc de Biron, son camarade et son ami, qui perdit un bras à l'assaut de cette ville. Après la conquête de la Franche-Comté, à laquelle Jacques-Henri de Durfort Duras avait beaucoup contribué, il fut nommé gouverneur de cette province et de la province de Bourgogne.

(1) Devienne. *Hist. de Bordeaux.*

En 1671, Monseigneur l'évêque d'Agen, Claude Joli, fit fermer ou détruire tous les temples protestants, tels que ceux de Loubés-Bernac, des Lèves, du Juillereau. Cela se passait dans le voisinage de Duras. La famille de Durfort Duras, qui venait d'être convertie à la religion catholique, ne s'émut point de la fermeture du temple de la Magdeleine. Il y avait dans le château, depuis peu de temps, une chapelle où l'on célébrait les offices du culte catholique.

Au mois de février 1672, Jacques-Henri de Durfort fut nommé capitaine des gardes du corps, en remplacement de M. de Charost, avec deux cent mille francs d'appointements. Mme de Sévigné s'exprime ainsi à ce sujet dans une de ses lettres : « Voyez si M. de Duras ne vous paraît pas fort « heureux ! Cette place est d'une telle beauté par « la confiance qu'elle marque, et par l'honneur « d'être proche de Sa Majesté, qu'elle n'a point de « prix. M. de Duras suivra le roi à l'armée, et « commandera à toute la maison de Sa Majesté. »

Au mois de juillet 1675, lorsque le prince de Condé fut appelé à remplacer le maréchal de Turenne, il choisit pour lieutenants-généraux MM. de Duras et de Lafeuillade.

Louis XIV comprit M. de Duras au nombre des maréchaux de France qu'il créa en 1675. Le même décret en nomma huit : MM. D'Estrades, le duc de Navaille, le comte de Schomberg, le duc de Duras, le duc de Vivonne, le duc de Lafeuillade, le duc de Luxembourg, et le marquis de Rochefort.

On connaît le mot de Mme de Cornuël sur cette promotion. Elle l'appela: LA MONNAIE DE M. DE TURENNE.

M. de Duras, devenu maréchal de France, fut fait chevalier des ordres du roi en 1688 ; cette même année, il eut le commandement de l'armée d'Allemagne sous monseigneur le Dauphin. Il s'empara de plusieurs villes importantes, et notamment de la ville de Manheim, dont la citadelle avait été jugée imprenable. Le maréchal de Vauban dirigeait les travaux du siège. Le maréchal de Duras avait Catinat pour lieutenant-général.

Louis XIV érigea la terre de Duras en duché par lettres du mois de février 1689.

Ces lettres portaient que les enfants mâles de la famille, en ligne directe, jouiraient à perpétuité comme seigneurs et propriétaires dudit duché, avec les titres, honneurs, dignités et privilèges attachés à ce rang. Ce fut un duché héréditaire. Voici une partie du texte :

« Voulons et entendons que ses vassaux le re-
« connaissent ; et quand le cas y écherra, lui fassent
« foi, hommages et autres reconnaissances ; baillent
« aveu et dénombrement ; fassent et paient les de-
« niers selon la nature des terres qu'ils tiennent de
« lui audit titre et qualité de duc ; et pour l'exercice
« de la juridiction du lieu, voulons que notre dit
« cousin, Jacques-Henri de Durfort, puisse faire
« exercer et établir un siège de duché en la ville de
« Duras, auquel il y aura un sénéchal, un lieute-
« nant, un procureur fiscal, et le nombre d'officiers
« accoutumé pour rendre la justice.

« Donné à Versailles, l'an de grâce 1689, et de
« notre règne le 46me.
    « Signé : Louis. »

Duras ne fut érigé en duché-pairie qu'en 1755, sur la tête d'Emmanuel-Félicité de Durfort.

Jacques-Henri de Durfort, premier duc de Duras, mourut à Paris le 12 octobre 1704. Il était doyen des maréchaux de France, et était décoré de l'ordre de St-Louis depuis 1693.

Plusieurs historiens rapportent l'anecdote suivante ; elle fait le plus grand honneur au duc de Duras. Cela se passait en 1701, trois ans avant la mort du duc de Duras, qui avait reçu du temps les leçons de l'expérience, et qui n'aimait pas le maréchal de Villeroy, à cause du luxe et du faste qu'il étalait à la Cour. Le duc de St-Simon, dans ses *Mémoires*, raconte ainsi cette anecdote : « Pour
« réparer les fautes de Catinat, le roi nomma
« Villeroy au commandement de l'armée d'Italie.
« Quoique ce choix fût peu approuvé, le génie
« courtisan se déborda en compliments et en
« louanges. Villeroy entrait un soir dans les ap-
« partements du roi ; son apparition excita des
« murmures de toute sorte ; mais les compliments
« flatteurs couvraient les rumeurs défavorables ;
« le maréchal de Duras qui ne l'aimait point, et
« ne l'estimait guère, et qui ne se contraignait
« pas même pour le roi, écoute un instant le
« bourdon des applaudissements ; puis, se tour-

« nant brusquement vers le maréchal de Villeroy,
« et lui prenant le bras : Monsieur le maréchal,
« dit-il tout haut, tout le monde vous fait des
« compliments d'aller en Italie; moi j'attends
« votre retour pour vous faire les miens. Là des-
« sus, il se met à rire et regarde la compagnie;
« Villeroy demeura confondu sans proférer un seul
« mot, et tout le monde sourit et baissa les yeux.
« Le roi ne sourcilla pas. »

Les pressentiments du duc de Duras étaient fondés; car Villeroy éprouva plus d'échecs en Italie que son prédécesseur. Il fut forcé de reculer devant la flotte puissante de Guillaume, roi d'Angleterre; et le charivari de cette époque retentit de couplets satiriques dont le refrain était :

Villeroy, Villeroy
A bravement servi le roi
Guillaume, Guillaume, Guillaume !

CHAPITRE DIXIÈME.

X.

Jean-Baptiste de Durfort Duras, lieutenant-général et commandant de la Guienne. — Il est blessé au siège de Philipsbourg. — Il est fait maréchal de France.

Jacques--Henri de Durfort, premier duc de Duras, avait épousé en 1668 Marguerite-Félicité de Lévis Ventadour, fille de Charles, duc de Ventadour, pair de France, et de Marie Saint-Géran (La Guiche). De ce mariage naquirent cinq enfants, savoir: Trois filles, dont l'une fut mariée au duc de La Meilleraye, l'autre à M. Paul de Bonne Créqui, duc de Lesdiguières ; Marie, religieuse à Conflans, fut abbesse de Notre-Dame de Saintes. L'aîné des enfants mâles portait les noms de son père, Jacques-Henri ; le second se nommait Jean-Baptiste.

Le premier, dès son jeune âge, donna les plus belles espérances : c'était l'enfant gâté de sa mère. Félicité de Lévis Ventadour était une des plus belles et des plus recherchées des dames de la Cour de Louis XIV. Elle avait donné à ses enfants l'éducation la plus parfaite et l'instruction la plus solide.

Jacques-Henri de Durfort Duras était colonel d'un régiment de cavalerie. En le mariant à Louise-Magdeleine de La Marck, fille du comte de La Marck, son père lui céda sa dignité, le fit appeler duc de Duras, et garda le nom de maréchal de Duras.

Jacques-Henri de Durfort Duras allait être nommé capitaine des gardes du corps, à la place de son père, lorsqu'il mourut au camp de Joignies, en Flandre, le 16 septembre 1697, dans sa vingt-sixième année.

On voit aujourd'hui dans l'église de Lamothe-Beuvron, arrondissement de Romorantin (Loir-et-Cher), le tombeau de Jacques-Henri de Durfort Duras, sur lequel est gravée l'épitaphe suivante :
« Ici est enfermé le cœur de très haut et très
« puissant seigneur, monseigneur Henri premier
« de Durfort, duc de Duras, brigadier des armées
« du roi et mestre de camp de cavalerie, décédé
« au camp de Joignies, en Flandre, le lundi 16
« septembre 1697, âgé de vingt-six ans, neuf
« mois. »

Sa mère ne se consola jamais de la perte de ce fils bien-aimé. Elle mourut le 10 septembre 1717, âgée de soixante-cinq ans. Ses cendres reposent dans l'église de Lamothe-Beuvron.

De son mariage avec Louise-Magdeleine de La Marck, Jacques-Henri de Durfort Duras eut deux filles : l'aînée, Jeanne-Henriette-Marguerite, fut mariée à Henri de Lorraine, prince de Lambesc ; la seconde, Henriette-Julie, fut mariée au comte d'Egmont.

Jean-Baptiste de Durfort Duras, après la mort de son frère aîné, prit le titre de duc de Duras. Il avait d'abord servi dans les mousquetaires, et il obtint le régiment de cavalerie que commandait son frère.

En 1701, une question de succession au trône d'Espagne souleva en Europe une guerre presque générale. La France était d'accord avec l'Espagne. Boufflers, Catinat, Vendôme, Villeroy, Villars commandaient dans les Pays-Bas, en Flandre et sur les bords du Rhin.

Jean-Baptiste de Durfort Duras servait sous le maréchal de Boufflers. En 1702, au siège de Nimègue, il prit un drapeau à l'armée hollandaise. Les années suivantes, et jusqu'en 1712, l'Allemagne, l'Espagne et la Flandre furent tour-à-tour le théâtre de ses exploits. Il fut nommé lieutenant-général en 1720, et commandant de la province de Guienne en 1722.

Jacques Fitz-James, duc de Berwick, fils de Jacques, duc d'Yorck, devenu plus tard roi d'Angleterre sous le nom de Jacques II, était venu chercher un asile en France à l'âge de dix-huit ans. Il s'était fait naturaliser français.

Louis XIV, ayant conçu de grandes espérances dans le génie militaire du duc de Berwick, l'avait élevé aux grades les plus honorifiques. Il le fit maréchal de France en 1706, et il l'envoya plusieurs fois en Espagne comme ministre plénipotentiaire auprès de Philippe V. Jean-Baptiste de Durfort Duras suivit le duc de Berwick dans toutes ses campagnes. Sous Louis XV, la guerre d'Allemagne lui ouvrit le champ le plus vaste pour faire valoir ses talents militaires. Au siège de Philipsbourg, au moment où le maréchal de Berwick avait la tête emportée par un boulet de canon, le duc de Duras se trouvait auprès du maréchal, et il fut grièvement blessé par la chûte d'un gabion qui le renversa. (12 juin 1734.)

Après la mort du duc de Berwick, le duc de Noailles prit le commandement en chef de l'armée d'Allemagne. Le duc de Duras contribua beaucoup, par son énergie, à la reddition de la forteresse de Worms. A son retour de la campagne d'Allemagne, il fut nommé gouverneur du Château-Trompette de

Bordeaux. Puis, il fut créé maréchal de France en 1741. Le roi, pour honorer ses services, lui confia le gouvernement de la Franche-Comté et celui de Besançon, après la mort du duc de Tallard.

Pendant les quelques années que le duc de Duras occupa les fonctions de gouverneur du Château-Trompette de Bordeaux, il habita presque toujours son château de Duras. Il fit de grands embellissements aux terrasses, au parc. On lui doit la construction de l'aile orientale du château, que l'on appelle aujourd'hui PETIT CHATEAU, et où l'on remarque des figures allégoriques habilement sculptées, la Foi, l'Espérance et la Charité.

Jean-Baptiste de Durfort Duras avait épousé le 5 janvier 1706, Angélique-Victoire de Bournonville, fille du prince de Bournonville, comte de Hénin. Victoire de Bournonville exerçait les fonctions de dame d'honneur de MM^mes Victoire, Sophie et Louise de France, et elle fut chargée, à la fin de l'année 1722, de conduire la princesse d'Orléans à l'infant don Carlos, jusques sur la frontière d'Espagne. Ce fut le duc de Duras qui remit cette princesse entre les mains du duc d'Ossonne, envoyé par le roi d'Espagne pour la recevoir.

La marquise de Pompadour avait fait ériger dans les cabinets particuliers de Versailles un petit théâtre, où elle voulut montrer au roi ses talents dramatiques. Elle remplissait les principaux rôles, secondée par MM^mes d'Estrades et de Brancas. Le duc de La Vallière était le directeur de ces représentations. Emmanuel de Durfort Duras, fils de celui dont nous parlons, qui avait alors trente-trois ans, et qui était un cavalier plein de distinction, jouait les rôles d'hommes avec MM. de Chartres et de Coigny.

Les longs services militaires de Jean-Baptiste de Durfort Duras n'avaient en rien affaibli ses facultés physiques. Octogénaire, il avait conservé cette intelligence, ces manières distinguées qui placèrent les membres de cette famille dans les plus hautes dignités. En 1768, le jeune roi de Danemarck vint visiter la cour de Louis XV, dont on lui avait fait des récits, des rapports merveilleux. Le duc de Duras fut chargé, dans cette circonstance, de faire les honneurs de la maison du roi de France. Il accompagna le prince étranger dans les visites qu'il fit aux divers monuments de la capitale, aux spectacles, etc. Le duc de

Duras remplit cette mission d'une manière parfaite; et l'honneur qu'elle lui valut ne manqua pas de lui attirer les sarcasmes et les railleries des beaux esprits de cette époque. S'il faut en croire le caustique narrateur des *Chroniques de l'Œil-de-Bœuf*, le plus mécontent de tous fut le chevalier de Boufflers, qui jeta au public plusieurs épigrammes. En lisant ces chroniques, on éprouve un sentiment pénible et affligeant pour la société française. Les personnages les plus éminents du règne de Louis XV y sont traités comme de véritables héros de roman.

Jean-Baptiste de Durfort Duras, duc de Duras, maréchal de France, mourut à Paris le 8 juillet 1770, dans sa quatre-vingt-septième année.

CHAPITRE ONZIÈME.

XI.

Emmanuel-Félicité de Durfort Duras. — Il fait sa première campagne comme aide-de-camp de Villars. — Son ambassade en Espagne. — Il est nommé commandant de la Bretagne. — Il est reçu a l'Académie française par Buffon.

De son mariage avec Mlle de Bournonville, Jean-Baptiste de Durfort, duc de Duras, eut deux filles, dont l'aînée fut d'abord mariée au duc de Fitz James, et ensuite remariée au duc d'Aumont. La seconde épousa le marquis d'Hautefort, ambassadeur de France en Autriche.

L'aîné des enfants de Jean-Baptiste de Durfort Duras fut Emmanuel-Félicité, qui devint un des hommes les plus éminents du règne de Louis XV. Il naquit le 19 décembre 1715. A l'âge de seize ans il entra dans les mousquetaires; il passa par tous les grades militaires jusqu'à celui de lieutenant-général : le 25 août 1733, il fut nommé capitaine de cavalerie, et le 10 mars de l'année suivante il fut fait colonel du régiment de Duras. Ce régiment prit le nom de régiment du Vivarais, sous le commandement de M. le vicomte de Puysségur, lorsque Emmanuel-Félicité de Durfort dut partir pour la campagne d'Italie en qualité d'aide-de-camp de Villars. (1734.) Il n'avait alors que dix-huit ans. Le régiment que commandait son père était sous les ordres du maréchal de Berwick, qui fut tué le 12 juin 1734 dans les circonstances relatées au chapitre précédent. Villars, âgé de quatre-vingt-trois ans, mourut le 17 juin de la même année, à Turin, dans la maison où il était né.

« Ainsi finirent ces deux grands hommes, restes

« précieux du siècle de Louis XIV, et les derniers
« dépositaires de ce feu sacré qui avait fait éclore
« tant de grandes pensées et de grandes choses. »
(1)

Emmanuel-Félicité de Durfort Duras fut blessé à l'affaire d'Etlingen, en Suisse, où il se distingua à la tête du régiment d'Auvergne, en combattant contre les derniers débris de l'armée d'Allemagne. Il hérita du titre de duc de Duras après la mort de son père. Il fut fait maréchal de camp en 1745, et lieutenant-général le 10 mai 1748.

Le duc de Duras fut nommé ambassadeur en Espagne au mois de novembre 1752. Il occupa ce poste, qui lui valait deux cent mille livres de rente, jusqu'au mois de septembre 1755. Pendant ce laps de temps, il s'établit entre lui et M. le maréchal de Noailles, duc de Mouchy, intendant du palais de Versailles, une correspondance qui devint très volumineuse, et que j'ai eu l'avantage de parcourir. Le duc de Duras, arrivé en Espagne avec toute sa

---

(1) Anquetil, *Hist. de France.*

famille, y déploya une magnificence royale : cent quarante mille livres avaient à peine suffi pour son voyage et l'arrivée de ses ballots. Il dit lui-même qu'il doit à sa représentation la bienveillance de la nation Espagnole. Peu de jours après son installation, M. le maréchal de Noailles lui écrivait : « Je
« ne suis point surpris de toutes les politesses que
« vous me dites avoir reçues, vous et Mme la
« duchesse de Duras, de la part des grands sei-
« gneurs de la cour d'Espagne : vous avez tout ce
« qu'il faut pour vous rendre recommandable au-
« près d'eux, et je sais de bonne part qu'il n'y a que
« Mme la duchesse de Duras qui puisse balancer les
« sentiments de la Cour où vous êtes. Ainsi, vous
« pouvez vous flatter de réunir tout ce qui peut
« vous concilier le cœur et l'esprit des grands, des
« petits, et en général de toute la nation. Vous me
« trouverez peut-être suspect dans le jugement que
« je porte de Mme la duchesse de Duras ; mais dus-
« siez-vous en être jaloux, je ne puis m'empêcher
« de lui rendre justice, ni d'être toujours le plus
« dévoué de ses serviteurs. »

Dès les premiers jours de son ambassade, le duc de Duras, qui continuait de correspondre avec

M. le maréchal de Noailles, se plaignait de M. de Ponte, ambassadeur du Portugal, qu'il accusait d'être trop partial pour les Anglais et la maison d'Autriche.

La haute capacité, le désintéressement de M. le duc de Duras sont écrits dans le discours que Buffon prononça à l'Académie française, et dont nous donnons plus bas un extrait. Il est impossible de faire un plus bel éloge. Citons une lettre que le duc de Duras écrivait, le 26 février 1753, à M. le maréchal de Noailles :

« Je vois d'ailleurs d'un œil très philosophe tous
« les évènements. Si l'on me traite avec bonté,
« j'en serai très reconnaissant ; si l'on ne me
» donne rien, je ne me plaindrai seulement pas ;
« pourvu que, dans le cours de mon ambassade,
« je puisse conserver votre estime et la conti-
« nuation de votre amitié, je serai bien content :
« voilà la récompense que les gens d'une certaine
« espèce ambitionnent, et qui est, à mon gré, la
« plus satisfaisante. La considération que l'on ac-
« quiert par ses talents et son zèle, pour le service
« de son maître et de sa patrie, vaut mieux que
« tous les gouvernements. »

Cette lettre fut inspirée au duc de Duras par les encouragements qu'il recevait de persister dans sa pénible mission, et par les offres brillantes qu'on lui faisait de devenir gouverneur d'une province de France.

Le ministre des affaires étrangères de la cour d'Espagne, M. Ensenada, fut disgracié. La fermeté du caractère de M. de Duras contribua à cette disgrace, et l'ambassadeur de France en Espagne dut quitter son poste. Il fut rappelé en France et remplacé par M. le comte d'Aubeterre.

Dès sa rentrée en France, le duc de Duras fut nommé gouverneur du Château-Trompette de Bordeaux. (11 septembre 1755). Ce poste lui convenait d'autant mieux qu'il avait été occupé par son père, et que ses ancêtres avaient gouverné la province de Guienne.

Emmanuel-Félicité de Durfort Duras fut fait pair de France au mois de septembre 1755, et premier gentilhomme de la chambre du roi le 17 octobre 1757. Le 1er septembre 1758, il fut nommé commandant en chef de la province de Bretagne.

Cette promotion excita dans toute la Bretagne, et surtout à Nantes, un enthousiasme difficile à décrire. L'auteur a sous les yeux le récit des fêtes splendides qui furent données à Nantes à cette occasion, et des odes et des cantates en l'honneur de Mme la dauphine et de monseigneur le duc de Duras. L'écrit original d'un acrostiche se trouve mêlé à ces pièces; il est de très bon goût:

D ans le sein des grandeurs, conserver sans nuage
U ne âme vertueuse et le cœur du vrai sage:
C hercher tous les moyens de faire des heureux:

D e l'affabilité faire éprouver les charmes,
E t prêter son secours à l'innocence en larmes:

D e la Bretagne, enfin, seconder tous les vœux,
U nir à ces vertus le don de faire naître
R econnaissance, amour et respect dans les cœurs:
A tant de traits, Duras, si justes, si flatteurs,
S erait-il un Breton qui pût te méconnaître!

Lorsque La Chalotais, procureur-général au Parlement de Bretagne, fut accusé de trahison et écroué à la Bastille avec son fils, (18 novembre 1766), le duc de Duras fit mille démarches pour obtenir en sa faveur les bonnes grâces de Louis XV.

Tous les biographes s'accordent à dire combien il sut concilier les esprits dans cette difficile mission, tout en faisant respecter les lois.

Emmanuel-Félicité de Durfort Duras fut nommé gouverneur de la province de Franche-Comté le 9 juillet 1770. Il venait d'être fait maréchal de France. (2) En 1775, il fut reçu membre de l'Académie française. La réunion fut très brillante dans le palais des immortels le 15 mai 1775. Buffon devait répondre au récipiendaire. Le choix de M. de Duras pour remplacer M. de Belloi au dix-huitième fauteuil — siège qui avait été précédemment occupé par Fénélon — fut d'autant plus approuvé, que M. de Duras avait un grand amour pour les lettres, et qu'il avait inspiré à M. de Belloi l'idée de son meilleur ouvrage, *le Siège de Calais*.

On remarque dans le discours de réception de M. de Duras un portrait de Louis XV :

« Je ne puis refuser aux mouvements de mon

---

(2) *Etat militaire de France*, par M. de Roussel.

« cœur et à la reconnaissance des bienfaits dont
« Louis XV m'a honoré, l'hommage dû aux vertus
« sociales qu'il montrait dans son commerce par-
« ticulier. Au milieu des occupations les plus im-
« portantes, au milieu même des peines dont le
« trône est bien loin de garantir, on n'a jamais
« vu son caractère de douceur et d'affabilité se
« démentir un seul instant; il se plaisait à ou-
« blier son rang; il ne le rappelait jamais dans
« la société, et il possédait au suprême degré
« cette égalité d'âme, si précieuse dans un souve-
« rain, si douce à rencontrer, et même si rare
« dans un particulier. »

Passant ensuite à l'éloge de M. de Belloi: « Né,
« dit-il, avec des talents distingués, M. de Belloi
« en a toujours consacré l'usage aux vertus qui
« perfectionnent les sociétés. Instruit par la lec-
« ture des Grecs, animé par les succès éclatants
« de l'immortel auteur de *Zaïre*, il a donné à
« toutes ses productions la noble empreinte du
« patriotisme; il s'est fait un devoir, et ce devoir
« a fait sa gloire, de n'exposer sur la scène que
« les tableaux intéressants de notre histoire, de
« ranimer, de perpétuer l'héroïsme national. Les

« applaudissements les plus flatteurs ont été sa
« récompense; et c'est à ces représentations que
« le cri du cœur français se fait entendre. Qui n'a
« pas envié le sort des citoyens de Calais! qui n'a
« pas retrouvé dans son âme la même élévation, le
« même courage ! Chaque spectateur se glorifiait
« d'être Français : heureux mouvement d'orgueil
« patriotique, qui nous inspirait l'ardeur de
« ressembler à nos ancêtres, et de nous signaler
« comme eux ! »

Buffon, dans sa réponse, parle des vertus privées de M. le maréchal de Duras, rappelle les services qu'il rendit dans son ambassade, et fait une touchante allusion à sa digne conduite en Bretagne.

« J'ignore, dit Buffon, le grand art des négo-
« ciations, et vous le possédez; vous l'avez exer-
« cé, Monsieur, avec tout succès, je puis le dire:
« mais il m'est impossible de vous louer par le dé-
« tail des choses qui vous flatteraient le plus; je
« sais seulement, avec le public, que vous avez
« maintenu pendant plusieurs années, dans des
« temps difficiles, l'intimité de l'union entre les
« deux plus grandes puissances de l'Europe; je

« sais que, devant nous représenter auprès d'une
« nation fière, vous y avez apporté cette dignité
« qui se fait respecter, et cette aménité qu'on aime
« d'autant plus qu'elle se dégrade moins. Fidèle
« aux intérêts de votre souverain, zélé pour sa
« gloire, jaloux de l'honneur de la France, sans
« prétention sur celui de l'Espagne, sans mépris
« des usages étrangers, connaissant également les
« différents objets de la gloire des deux peuples,
« vous en avez augmenté l'éclat en les réunissant.

« Représenter dignement sa nation sans choquer
« l'orgueil de l'autre ; maintenir ses intérêts par la
« simple équité ; porter en tout justice, bonne foi,
« discrétion ; gagner la confiance par de si beaux
« moyens ; l'établir sur des titres plus grands en-
« core, sur l'exercice des vertus, me paraît un
« champ d'honneur si vaste, qu'en vous en ôtant
« une partie pour la donner à votre noble compa-
« gne d'ambassade, vous n'en serez ni jaloux ni
« moins riche. Quelle part n'a-t-elle pas eue à tous
« vos actes de bienfaisance ! Votre mémoire et la
« sienne seront à jamais consacrées dans les fastes
« de l'humanité par le seul trait que je vais rap-
« porter :

« La stérilité, suivie de la disette, avait amené
« le fléau de la famine jusque dans la ville de Ma-
« drid; le peuple mourant levait les mains au ciel
« pour avoir du pain ; les secours du gouverne-
« ment, trop faibles ou trop lents, ne diminuaient
« que d'un degré cet excès de misère; vos cœurs
« compatissants vous la firent partager ; des som-
« mes considérables, même pour votre fortune,
« furent employées par vos ordres à acheter des
« grains au plus haut prix, pour les distribuer aux
« pauvres. Les soulager en tout temps, en tout
« pays, c'est professer l'amour de l'humanité, c'est
« exercer la première et la plus haute de toutes les
« vertus. Vous en eûtes la seule récompense qui
« soit digne d'elle : le soulagement du peuple fut
« assez senti pour qu'au Prado sa morne tristesse,
« à l'aspect de tous les autres objets, se changeât
« tout-à-coup en signes de joie et en cris d'allé-
« gresse à la vue de ses bienfaiteurs; plusieurs
« fois, tous deux applaudis et suivis par des accla-
« mations de reconnaissance, vous avez joui de ce
« bien, plus grand que tous les autres biens, de
« ce bonheur divin que les cœurs vertueux sont
« seuls en état de sentir.

« Vous l'avez rapporté parmi nous, Monsieur,
« ce cœur plein d'une noble bonté. Je pourrais
« appeler en témoignage une province entière qui
« ne démentirait pas mes éloges; mais je ne puis
« les terminer sans parler de votre amour pour les
« lettres, et de votre prévenance pour ceux qui les
« cultivent. »

Buffon termine ainsi son discours : « Monsieur
« de Belloi a dit à ses amis qu'il vous devait le
« choix de son sujet, qu'il ne s'y était arrêté que
« par vos conseils. Il parlait souvent de cette obli-
« gation; avons-nous pu mieux acquitter sa dette
« qu'en vous priant, Monsieur, de prendre ici sa
« place ! »

Les discours académiques peuvent quelquefois paraître trop élogieux. Ici, ce sont les faits qui parlent par eux-mêmes.

L'avocat Linguet, orateur célèbre et publiciste renommé de cette époque, se livrait sans réserve dans ses pamphlets à des critiques très violentes, soit contre les écrivains, soit contre les hommes d'Etat, et les grands personnages de la Cour. On peut voir dans la correspondance de Voltaire—qui n'était ni courtisan ni flatteur—le peu d'importance que celui-ci attachait aux libelles de Linguet. Deux lettres de Voltaire, l'une de 1767, l'autre de 1769, témoignent de l'indignation que les mauvais écrits de ce pamphlétaire avaient soulevée à la Cour, et parmi les hommes de lettres. (3) A cette époque, et depuis 1748, Voltaire avait été disgracié pour avoir écrit, à l'adresse de Mme de Pompadour, une pièce de vers trop élogieuse pour la favorite du roi. Les satires de Linguet atteignirent le duc de Duras ; celui-ci lui fit dire de s'abstenir d'entretenir le public de sa personne, sans quoi il lui ferait administrer une volée de coups de bâton. On rapporte que Linguet répondit, en apprenant cette menace : « JE SERAIS FORT AISE DE VOIR M. « LE MARÉCHAL FAIRE USAGE DE SON BATON UNE « FOIS DANS SA VIE. »

Les diatribes de Linguet contre le duc de Duras avaient pris naissance à la suite d'un procès gagné par le duc de Duras devant le Parlement de

---

(3) Voltaire, *Correspondance.*

Rennes. Linguet avait jugé ce procès dans un sens opposé à la décision des juges. Voilà ce qui avait irrité sa verve. Cette affaire se jugea en 1779 ; et le 27 septembre de l'année suivante, Linguet, poursuivi par les ennemis nombreux que lui avaient attirés ses critiques amères, fut enfermé à la Bastille, où il resta près de deux ans. En sortant de prison, il se réfugia en Angleterre.

Mme Dubarry raconte ce fait dans ses *Mémoires:* « Le roi, dit Mme Dubarry, demandait un jour au « duc de Duras, si, quand la lune était grosse, « elle était pleine. Je l'ignore, Sire, dit le duc, je « demanderai cela à M. Cassini. »

De quelque manière que le lecteur interprète cette réponse, il ne doit pas perdre de vue le peu de crédit que l'histoire attache aux Mémoires de Mme Dubarry, le poste éminent et la dignité du maréchal de Duras à la cour de Louis XV, et surtout l'aversion qu'il eut pour les favorites du monarque pendant ce règne de décrépitude.

Emmanuel-Félicité de Durfort Duras avait épousé en premières noces, en 1733, Charlotte-Antoinette de Mazarin, fille unique et héritière de Guy-

Paul-Jules, dernier duc de Mazarin et de La Milleraye; il n'eut d'elle qu'une fille, Louise-Jeanne, duchesse de Mazarin du chef de sa mère, et qui se maria en 1747 à M. Guy d'Aumont. Cette fille fut héritière de l'immense fortune des Mazarin; mais cette fortune passa ensuite, par les femmes, dans la famille d'Aumont, puis dans celle des Matignon, ducs de Valentinois.

D'un second mariage avec Françoise-Louise-Maclovie-Céleste de Coëtquen, fille de M. de Coëtquen, gouverneur de St-Malo, qu'il épousa en 1736, et qui partagea avec son mari les honneurs de l'ambassade d'Espagne, Emmanuel-Félicité de Durfort Duras eut deux enfants: 1º Emmanuel-Céleste-Augustin, dont il est question au chapitre suivant; 2º Charles-Armand-Fidèle de Durfort Duras, appelé le *beau Durfort,* ou comte de Durfort, colonel des grenadiers de France, et qui se maria avec Mlle de Vaudreuil. Il n'a eu qu'une fille, mariée à M. le comte de Rotalier.

Emmanuel-Félicité de Durfort Duras mourut à Versailles le 6 septembre 1789, âgé de soixante-quatorze ans.

CHAPITRE DOUZIÈME.

XII.

Emmanuel-Céleste-Augustin de Durfort, duc de Duras. — La révolution de 1793. — Fin héroïque de M. le maréchal et de Mme la maréchale de Noailles-Mouchy. — L'amiral de Kersaint. — Amédée-Bretagne-Malo de Durfort, dernier duc de Duras.

Emmanuel-Céleste-Augustin de Durfort hérita de son père du titre de duc de Duras, et des belles terres qui dépendaient de ce duché. En 1789, au moment où la révolution éclatait, il habitait son château de Duras; ses talents militaires le firent rechercher: il fut nommé en 1790 général en chef des gardes nationales de la Guienne. Pendant son séjour à Bordeaux il se distingua par son courage, et il sauva la vie à un grand nombre de personnes au milieu de toutes sortes de désordres et d'excès sanguinaires. La tradition rapporte les circonstances d'un duel qui lui fait le plus grand honneur. En butte aux dénonciations, il échappa à la mort comme par miracle. M. de Fumel, maire de Bordeaux, périt victime de son zèle.

La seigneurie d'Uzel érigée en 1488 par le roi Henri III en vicomté en faveur du marquis de Coëtquen, était entrée dans la maison de Duras par le mariage de Mlle de Coëtquen avec M. le duc de Duras, père de celui dont nous parlons. Il en fut de même de la seigneurie de Lanvalay. La chapelle et le village de St-Piat, (paroisse de Pleudien) avec titres de seigneuries, appartenaient en 1780 à M. le maréchal de Duras. Cette seigneurie, qui venait de M. de La Massue, avait haute, moyenne et basse justice. Elle avait aussi des droits particuliers comme celui de QUINTAINE, de SAUT des prisonniers alternativement avec le roi ;

droit d'enfeu prohibitif dans le couvent de St-François de Dinan. Ces privilèges avaient été confirmés par Henri IV.

Après avoir suivi les princes émigrés en Allemagne avec quelques gentilshommes français, le duc de Duras passa en Angleterre où il mourut dans les sentiments religieux les plus édifiants, entre les bras de M. l'abbé Carron. (1800.)

Emmanuel-Céleste-Augustin de Durfort, duc de Duras, vit l'immense fortune, dont il avait hérité de son père et de sa mère, bientôt compromise par la révolution. Les impôts excessifs, vexatoires, en absorbèrent une grande partie. Il avait épousé Mlle Philippine de Noailles-Mouchy, fille de M. le maréchal de Noailles, duc de Mouchy, et de Mlle d'Arpajon.

Le maréchal de Noailles, qui avait donné depuis 1787 sa démission de commandant en chef de la province, fut arrêté comme suspect et emprisonné au Luxembourg. Sa femme se présenta aussitôt à la porte de la prison, et demanda à partager le sort de son mari. Plusieurs jours se passèrent sans qu'elle pût obtenir cette faveur, ni même la permission de voir le maréchal. « Puis- « que mon mari est arrêté, je dois l'être aussi, » disait-elle à chaque instant. Elle demanda à partager la captivité de son mari : lorsque celui-ci comparut devant le tribunal révolutionnaire, et fut condamné à mort, la maréchale de Noailles voulut monter avec lui dans la fatale charrette en disant : « Puisque mon mari est condamné, je le « suis aussi. » Le bourreau ne croyait avoir qu'une victime, il en eut deux. Ils étaient l'un et l'autre septuagénaires.

Mlle Philippine de Noailles, duchesse de Duras, avait été dame d'honneur de Marie Leksinska, reine de France, et ensuite de l'infortunée Marie-Antoinette.

Amédée-Bretagne-Malo de Durfort, fils d'Emmanuel-Céleste-Augustin et de Mlle Philippine de Noailles, fut le dernier duc de Duras. Il reçut de Louis XVI les marques d'une affection toute particulière. Il était né en 1771, et il eut pour parrain les États de Bretagne ; de là lui viennent les prénoms de Bretagne-Malo. A peine âgé de vingt ans, il faisait les fonctions de premier gentilhomme de la chambre du roi. Il était auprès de la famille royale, lorsque le peuple en furie appelait la reine au balcon de Versailles ; et il entendit ce cri qui eut tant de retentissement à cette époque : « En « arrière les enfants ! » Le roi, retenu prisonnier aux Tuileries depuis quelques jours, voulut faire un voyage à St-Cloud ; cette sortie faillit lui coûter la vie : il ne dut son salut qu'aux paroles bienveillantes et pacifiques que le duc de Duras adressa à la multitude. Le duc de Duras fut honoré par la reine Marie-Antoinette de recommandations particulières pour veiller sur les jours de personnes qui lui étaient chères. Cette préférence marquée pour le duc de Duras ne paraîtra pas surprenante ; car, lorsque Marie-Thérèze d'Autriche maria sa fille, Marie-Antoinette, à Louis XVI, au moment de se séparer d'elle, elle lui remit cette liste, avec prière d'y donner la plus grande attention :

« Eux et leurs amis, voilà où vous devez placer
« votre confiance et vos affections. Quant à vos
« sympathies personnelles, ne vous y laissez aller
« qu'après un mûr examen. »

« Liste des gens de ma connaissance : »

« Le duc et la duchesse de Choiseul.
« Le duc et la duchesse de Praslin.
« Hautefort.
« Les Duchâtelet.
« D'Estrées (le maréchal.)
« D'Aubeterre.
« Le comte de Broglie.
« Les frères de Montazel.
« M. D'Aumont.
« M. Blondel.
« M. Gérard.
« La Beauvais, religieuse, et sa compagne.
« Les Durfort : c'est à cette famille que vous
« devez marquer en toute occasion votre recon-
« naissance et attention; puis, elle ajoutait: Con-
« sultez-vous avec Mercy..... Je vous recommande
« en général tous les Lorrains dans ce que vous
« pouvez leur être utile. » (1)

Amédée-Bretagne-Malo de Durfort émigra après

---

(1) Mme d'Abrantès. *Histoire des Salons de Paris.*

les funestes évènements de la Terreur. Il passa en Angleterre et il épousa à Londres le 27 novembre 1797, Mlle Claire de Coëtnempren de Kersaint, fille d'Armand-Guy-Simon, comte de Kersaint, amiral de France, qui fut membre de la Convention nationale. Lorsque Louis XVI présenta sa défense devant cette assemblée, M. de Kersaint ne put contenir l'excès de sa douleur, et on vit couler des larmes de ses yeux. (2) Peu de jours après les massacres du 2 septembre, il s'écriait: « IL Y « A PEUT-ÊTRE QUELQUE COURAGE A S'ÉLEVER ICI « CONTRE LES ASSASSINS. »

Indigné de la condamnation de Louis XVI, qu'il aurait voulu sauver, il écrivit au président de la Convention cette lettre qui fut son arrêt de mort :

« Citoyen Président,

« Ma santé, depuis longtemps affaiblie, me rend
« l'habitude de la vie d'une assemblée aussi ora-
« geuse que la Convention impossible; mais, ce

---

(2) Régnault Varin. *Le cimetière de la Magdeleine.*

« qui m'est plus impossible encore, c'est de sup-
« porter la honte de m'asseoir dans son enceinte
« avec des hommes de sang, alors que leur avis,
« précédé de la terreur, l'emporte sur celui des
« gens de bien. Si l'amour de mon pays m'a fait
« endurer le malheur d'être le collègue des pané-
« gyristes et des promoteurs des massacres de
« septembre, je veux au moins défendre ma mé-
« moire du reproche d'avoir été leur complice; je
« n'ai pour cela qu'un moment, celui-ci : demain
« il ne serait plus temps. Je rentre dans le sein
« du peuple; je me dépouille de l'inviolabilité dont
« il m'avait revêtu, prêt à lui rendre compte de
« mes actions, et, sans crainte et sans reproche,
« je donne ma démission. »

Cette lettre fut écrite le 20 janvier 1793, la veille du supplice du roi. M. le comte de Kersaint périt sur l'échafaud le 5 décembre de la même année.

Après son mariage, Amédée-Bretagne-Malo de Durfort alla en Italie, et se rendit à Vérone, où il demeura quelque temps auprès de Louis XVIII. Le 10 juin 1799, il assistait à Mittaw, capitale de la Courlande, en Russie, au mariage de Madame, fille de Louis XVI, qui épousa le duc d'Angoulême, fils du comte d'Artois. Par la mort de son père, en 1800, il avait hérité du titre de duc de Duras. Il rentra en France en 1801.

Mme de Duras, née Philippine de Noailles-Mouchy, sa mère, avait été arrêtée et incarcérée en même temps que M. le maréchal et Mme la maréchale de Noailles-Mouchy. Le jour où elle eut la consolation de revoir son fils, celui-ci désira connaître les détails de sa captivité. Craignant d'éprouver une trop grande émotion en les lui raconcontant, elle écrivit un journal qui est resté comme un souvenir pieux entre les mains de la famille. Il est intitulé : JOURNAL DES PRISONS DE MON PÈRE, DE MA MÈRE ET DES MIENNES. Il commence ainsi :

« J'ai été mise en arrestation le 23 août 1793
« au château de Mouchy-Lechatel, avec mon
« père et ma mère, dans le département de
« l'Oise. On m'emmena en prison à St-François,
« à Beauvais, dans un ancien couvent, le 6 oc-
« tobre de la même année, et à Chantilly le 20
« du même mois ; j'y restai jusqu'au 5 avril 1794,

« époque à laquelle je fus transférée à Paris, au
« collége de Plessis ; puis, j'eus ma liberté le 19
« octobre 1794. »

Mme de Duras raconte avec les détails les plus circonstanciés les scènes désolantes dont elle fut témoin. Elle dit que, lorsqu'elle fut rendue à la liberté, elle quitta Paris en toute hâte, déguisée en pauvre servante. Elle vécut encore quelques années, heureuse d'avoir revu son fils, et quelques-uns de sa famille qui avaient échappé à la mort.

M. Amédée-Bretagne-Malo de Durfort et son épouse passèrent en Gascogne l'hiver de 1803 à 1804. Ils visitèrent Duras ; de là ils se rendirent à Toulouse, et ensuite à Rabastens, au milieu de la digne et patriarchale famille du maréchal de Puységur. Le duc de Duras accompagna Louis XVIII à Gand. Il fut compris comme ancien duc et pair dans la promotion des pairs de France qui fut faite en 1814.

Ce fut à la sollicitation de M. le duc de Duras que Louis XVIII accorda une pension de six mille livres au poète Ducis, membre de l'Académie française, qui était très pauvre, et généralement très estimé à cause de ses vertus privées et de son noble caractère. Ducis ne jouit pas longtemps de ce bienfait; il mourut le 28 mars 1816, laissant un neveu, peintre de genre fort distingué, et des nièces presque sans ressources. M. Campenon, ami de Ducis et son collègue à l'Académie, a écrit dans une notice sur les œuvres de Ducis ces quelques lignes, qui font le plus grand honneur au duc de Duras :

« Dès que Louis XVIII fut rentré dans sa capi« tale, M. Ducis s'empressa de demander une « audience particulière, qui lui fut accordée pour « le 10 mai; il en consigna le souvenir sur un « petit journal où il avait l'habitude de jeter pour « lui seul quelques notes. » Voici ce qu'on y lit à la date du 13 mai 1814 :

« Vendredi, j'ai eu l'honneur d'être présenté au « roi, au sortir de sa messe, par M. le duc de « Duras, et de lui faire agréer l'hommage du « recueil de mes œuvres, qu'il a reçu avec une « bonté extrême. »

Peu de jours après, Ducis reçut la décoration de la Légion-d'Honneur et fut averti en même temps qu'une pension de six mille francs lui était assurée pendant sa vie.

« Au mois de janvier 1816, ajoute M. Campe-
« non, M. Ducis vint passer la matinée chez moi,
« et m'apprit, avec une satisfaction que tous ses
« traits rendaient visible, les assurances qu'il
« avait recueillies de la bouche du roi, et qui
« lui donnaient la pleine confiance qu'après sa
« mort une partie des bienfaits accordés à sa
« vieillesse s'étendrait sur ses neveux et ses niè-
« ces. Il voulut bien me charger de faire alors
« les démarches nécessaires pour arriver à ce
« résultat. Ces démarches se bornèrent plus tard
« à une lettre où je priais M. le duc de Duras
« de prévenir le roi de la mort de M. Ducis, et
« de rappeler à Sa Majesté les assurances pleines
« de bonté qu'elle avait bien voulu lui donner.
« Il est inutile d'ajouter que la promesse royale
« reçut une pleine et entière exécution; mais je
« dois dire que, dans cette circonstance, M. le
« duc de Duras montra un zèle et un empresse-

« ment qui lui assurent la reconnaissance de tout
« ce qui porte le nom de Ducis. »

Lorsque la révolution de 1830 éclata, le duc de Duras voulut accompagner Charles X en Angleterre. Le roi s'y opposa et le pria de garder sa place à la chambre des pairs pour y défendre les intérêts de son petit-fils. Peu de jours s'écoulèrent, et le duc de Duras comprit qu'il ne pouvait plus être utile à la cause qu'il avait toujours fidèlement servie. Il donna sa démission de membre de la chambre des pairs, et il alla habiter Versailles. Sa fortune, anéantie par la révolution et les prodigalités de son père, avait été en partie rétablie par la restitution des grands bois de l'Artois, qui avaient été apportés dans la famille par Mlle de Bournonville. M. le duc de Duras n'en conçut pas moins le désir d'assurer l'indépendance de son existence par un second mariage. Il épousa Mme Dias-Santos, très belle et très estimable personne, veuve de M. Dias-Santos, riche Portugais qui avait laissé à sa veuve toute sa fortune.

Amédée-Bretagne-Malo de Durfort, duc de Duras, était décoré des ordres du St-Esprit, de S^t-

Louis, et de la Légion-d'Honneur. Il mourut à Versailles le 1er Août 1838 dans les pratiques de la religion, qu'il avait honorée toute sa vie.

CHAPITRE TREIZIÈME.

XIII.

—

Mme LA DUCHESSE DE DURAS, NÉE DE KERSAINT.

—

Claire de Coëtnempren de Kersaint, duchesse de Duras, était fille de M. Armand-Guy-Simon, comte de Kersaint, de noble race bretonne, et de Claire d'Alesso d'Esragny. St-François de Paule appartenait à la famille d'Alesso d'Esragny, qui était d'origine italienne, et dont une branche se fixa en France et plus tard aux Antilles.

Claire de Coëtnempren de Kersaint naquit à

Brest en 1778. Ses jeunes années furent attristées par les malheurs et les excès de la révolution de 1793. Elle était à peine âgée de quinze ans lorsque son père périt si héroïquement sur l'échafaud de la Terreur. La veuve de l'amiral de Kersaint quitta la France avec sa fille ; elles passèrent toutes les deux quelques années aux États-Unis et dans les Antilles.

La comtesse de Kersaint revint en Angleterre aussitôt que la tempête révolutionnaire fut apaisée.

L'émigration était nombreuse à Londres : une grande partie de la noblesse française y était réunie et formait une société choisie au milieu de laquelle vivait Mlle de Kersaint ; elle avait alors vingt-un ans, une physionomie spirituelle, beaucoup de grâce et de distinction dans sa personne ; de plus, elle était destinée à une grande fortune. M. Amédée de Durfort Duras, qui portait alors le titre de marquis de Duras, la rechercha en mariage : cette union eut lieu à Londres au mois de novembre 1797.

A leur rentrée en France (1801), le duc et la

duchesse de Duras habitèrent à Paris l'ancien hôtel de La Rochefoucauld, rue de Varennes: c'était là le centre d'un petit cercle d'amis et de personnes distinguées. La publication du *Génie du Christianisme*, en 1804, qui fut un véritable évènement, donna à Mme de Duras le désir de connaître son auteur. M. de Chateaubriand lui fut présenté, et il devint en peu de temps un des habitués de son salon; il aimait à lui lire ses manuscrits: les premières pages des *Martyrs* et de l'*Itinéraire;* il recherchait son jugement et consultait son goût. Plus tard, il lui consacra quelques lignes dans ses Mémoires:

« Mme de Duras, récemment mariée, était à
« Londres; je ne devais la connaître que plus
« tard; que de fois on passe, dans la vie, sans le
« deviner, à côté de ce qui en ferait le charme!
« comme le navigateur franchit les eaux d'une
« terre aimée du ciel, qu'il n'a manquée que d'un
« horizon et d'un jour de voile! » (1)

---

(1) Chateaubriand, *Mémoires d'Outre-Tombe.*

M. de Chateaubriand était ambassadeur à Londres en 1822. M. de Marcellus était premier secrétaire de l'ambassade.

M. de Marcellus a eu la bonté de nous permettre de reproduire ici une lettre publiée dans son savant et remarquable ouvrage : *Chateaubriand et son Temps*. Cette lettre, adressée le 24 mai 1822 par Mme de Duras à M. le comte de Marcellus, donne, mieux que nous ne pourrions le faire, la mesure de tous les sentiments d'estime et d'affection que Mme de Duras avait pour M. de Chateaubriand :

« M. de Chateaubriand ne gâte pas ses amis.
« J'ai peur qu'il ne soit un peu gâté lui-même par
« leur dévouement. Il ne répond jamais rien qui
« ait rapport à ce qu'on lui écrit, et je ne suis
« pas sûre qu'il le lise. Faites-moi le plaisir de lui
« donner quelques bons conseils à ce sujet, et
« tâchez qu'ils ne soient pas perdus comme les
« miens..... On est bien occupé ici de la mort du
« duc de Richelieu ; c'est une perte pour la Fran-
« ce, en regardant plus loin que le moment ac-
« tuel ; mais c'est ce qu'on fait rarement. Je vou-

« drais bien avoir sur cet évènement l'avis de vo-
« tre chef, et j'ai recours à vous dans ma détresse;
« car il m'est impossible d'avoir une réponse de
« M. de Chateaubriand, et ses lettres ont toujours
« l'air d'être écrites le pied dans l'étrier. Dans le
« peu qu'il me dit, il m'effraie; et je tremble de
« ses énormes dépenses. J'ai vécu si longtemps à
« Londres, que je sais comme on y est entraîné
« bien plus loin qu'on ne veut. Veillez à cela, de
« grâce, pour lui épargner les dettes et les em-
« barras de fortune, qui viennent, dans l'ordre
« des chagrins, tout de suite après ceux du
« cœur. » (2)

En 1807, M. le duc de Duras acheta la terre d'Ussé, demeure splendide qui fut habitée et fortifiée par Vauban, et qui renferme tous les anciens souvenirs de la famille. C'est là que Mme de Duras fit l'éducation de ses deux filles.

En 1813, le prince de Talmond, héritier du grand nom des **La Trémoille**, demanda à M. le

(2) M. le comte de Marcellus, *Chateaubriand et son Temps*, page 216.

duc de Duras la main de sa fille aînée, Félicie, qui n'avait pas encore quinze ans. Ce mariage eut lieu; la satisfaction de cette alliance ne put l'emporter dans le cœur de Mme de Duras sur la douleur de se séparer de sa fille.

M. Sainte-Beuve et M. de Barante attribuent à Mme de Duras un caractère mélancolique. C'est une erreur : Mme de Duras était naturellement vive et gaie; mais une altération notable de sa santé, suite de souffrances nerveuses, jeta beaucoup de tristesse sur ses dernières années.

En 1814, à la rentrée du roi Louis XVIII en France, M. et Mme de Duras allèrent à sa rencontre à Compiègne. Le 1er janvier 1815, le duc de Duras prit son service auprès du roi comme premier gentilhomme de la chambre, charge qu'il tenait de son grand-père. Son salon du pavillon de Flore, au palais des Tuileries, devint le lieu des plus brillantes réunions. Les évènements des Cent Jours y apportèrent une courte interruption. Tout ce qu'il y avait de personnes distinguées par leur mérite et leur savoir se réunissait au pavillon de Flore. La charge que remplissait auprès du roi

M. le duc de Duras donnait à celui-ci l'occasion de voir les hommes de talent, des auteurs, des artistes, etc. Il les attirait souvent chez lui : Talma y récitait de belles scènes tragiques. M. de Fontanes y faisait entendre ses touchantes poésies : *Le Jour des Morts*, et *Les Tombeaux de St-Denis*.

Mme de Duras présidait à toutes ces fêtes : son goût exquis et sûr dans la littérature la faisait rechercher par tous les écrivains distingués de cette époque; elle voyait souvent Mme de Staël, qui venait de rentrer en France après son exil.

Pendant toute la Restauration, le salon de Mme de Duras fut le rendez-vous habituel de toutes les illustrations de cette époque. Les diplomates, les savants, les littérateurs s'y rencontraient : M. de Humbolt, M. Cuvier, le plus aimable des savants, M. Abel de Rémusat, M. Arago, M. Villemain. Ce dernier rapporte que Mme de Duras se rendait souvent au Muséum d'histoire naturelle, au Jardin des Plantes, pour entendre les leçons de Cuvier. (3)

---

(3) Villemain, *Souvenirs contemporains*.

On voyait rarement M. de Chateaubriand le soir chez Mme de Duras : il fuyait le bruit du monde ; cependant, il fit chez elle, pour des réunions choisies, quelques lectures des *Abencerages*, de *Moïse*, et des passages de ses *Récits sur l'histoire de France*.

Mme de Duras n'avait jamais songé à devenir auteur : ce fut par une circonstance toute fortuite qu'elle écrivit *Ourika*. Un jour elle racontait devant M. le baron de Vignet, diplomate, neveu de M. le comte de Maistre, l'histoire d'une jeune négresse, venue du Sénégal, et qui avait été confiée à Mme la princesse de Beauveau. Cette jeune fille, aimante, affectueuse, douée de la plus exquise sensibilité, vivait heureuse sous le toit paternel de sa bienfaitrice, lorsqu'elle comprit, au milieu de la société française, à quel point sa couleur la vouait à l'isolement. Elle mourut de chagrin. Mme de Duras engageait M. de Vignet à écrire une nouvelle sur un sujet si intéressant. M. de Vignet la supplia d'essayer de l'écrire elle-même. Le lendemain, ce touchant récit tombait de la plume de Mme de Duras, et devenait la première révélation d'un talent qui s'ignorait lui-même. L'ouvrage fut publié en 1823, sans nom d'auteur, au profit d'un établissement de charité.

Encouragée par le succès d'*Ourika*, et comme distraction à de fréquentes souffrances, Mme de Duras écrivit *Édouard*, autre type des douleurs du cœur, et où l'isolement est dépeint sous un autre point de vue : l'inégalité des conditions sociales.

M. de Barante s'exprime ainsi dans ses Mélanges : « *Ourika* et *Édouard* ont appris à beaucoup
« de lecteurs quelle délicatesse de sentiments,
« quelle élévation d'âme, quelle connaissance et
« quelle pitié des souffrances du cœur formaient
« le caractère distinctif du talent de Mme de
« Duras. »

« Et s'il est, dit M. Sainte-Beuve, quelques
« livres que les cœurs oisifs et cultivés aiment tous
« les ans à relire une fois, et qu'ils veuillent sen-
« tir refleurir dans leur mémoire comme le lilas ou
« l'aubépine en sa saison, *Édouard* est un de ces
« livres. » (4)

---

(4) Sainte-Beuve, *Portraits de femmes*.

Les meilleurs juges s'accordent à préférer *Édouard* à *Ourika*. Dans ces deux productions l'auteur rappelle les plus beaux passages de J.-J. Rousseau, sans en faire craindre le danger, parce que les passions qui y sont dépeintes restent constamment sous l'empire d'une parfaite pureté d'expression et de pensées chrétiennes.

Mme de Duras a publié aussi deux opuscules précieux intitulés : le premier, *Recueil des pensées de Louis XIV*, et le second, *Réflexions et Prières*. D'autres écrits plus considérables n'ont pas été imprimés. Une publication de ces ouvrages serait aujourd'hui un évènement qui profiterait à la saine littérature. *Le Moine du St-Bernard, Olivier, Les Mémoires de Sophie*, tels sont les titres de ces productions.

Vers la fin de l'année 1827, Mme de Duras, se trouvant de plus en plus malade, entreprit avec Mme de La Rochejaquelein, sa fille aînée, un voyage aux Eaux de Bourbonne; puis elle se dirigea vers l'Italie en visitant Lauzanne, Milan, Gênes; elle se fixa pour l'hiver à Nice. Nice! site enchanteur où un air pur et suave et un soleil vivifiant allègent des maux qu'ils ne peuvent guérir. Mme de Duras mourut dans cette ville le 16 janvier 1828, entourée des soins de ses deux filles et de quelques personnes de sa famille, qui admirèrent sa foi et sa fermeté chrétienne. Aux approches de la mort elle conserva toute sa présence d'esprit, et, après avoir reçu les sacrements de l'Église, elle expira dans une grande paix.

De son mariage avec M. Amédée de Durfort Duras, dernier duc de Duras, sont issues deux filles :

Claire-Louise-Augustine-Félicie-Maclovie de Durfort Duras, née à Londres le 19 août 1798, fut mariée en premières noces à M. Charles-Henri-Léopold de La Trémoille, prince de Talmond. M. Henri-Léopold de La Trémoille était fils de Philippe-Antoine de La Trémoille, général de cavalerie, et de Henriette-Françoise d'Argouges.

Antoine de La Trémoille périt sur l'échafaud en 1793. Interrogé par le tribunal révolutionnaire de Laval, il fit au président cette belle réponse : FAIS TON MÉTIER, J'AI FAIT MON DEVOIR.

Félicie-Maclovie de Durfort Duras, princesse de Talmond, devenue veuve le 7 novembre 1815, se remaria en 1819 avec M. Auguste du Vergier, comte de La Rochejaquelein, qui était colonel du premier régiment des grenadiers à cheval de la garde royale.

M. le comte de La Rochejaquelein portait les traces d'une noble blessure reçue à la Moskowa. Il avait combattu en Vendée en 1815, à côté de son frère, Louis, qui y fut tué; nommé général de brigade, il fit la campagne d'Espagne en 1823. Après les évènements de 1830, il se rendit en Portugal où il servit dans l'armée de don Miguel. Il fut grièvement blessé devant Porto; on s'accorde à reconnaître en lui une rare énergie et les plus nobles qualités du cœur. C'est le digne émule de ses frères.

M. Henry de La Rochejaquelein, l'aîné des trois frères, était seulement âgé de vingt-deux ans, lorsque en 1793 il commandait les armées Vendéennes, avec le titre de généralissime. Ce fut une des plus illustres victimes de cette guerre héroïque. L'histoire redira toujours aux générations futures ces mots, dignes des héros de l'antiquité : SI J'AVANCE,

SUIVEZ-MOI; SI JE RECULE, TUEZ-MOI; SI JE MEURS, VENGEZ-MOI!

Claire-Philippine-Benjamine de Durfort Duras, seconde fille de M. le duc de Duras et de Mlle de Kersaint, fut mariée en 1819 à M. Louis-Henry de Chastellux, fils de M. le comte de Chastellux, chevalier d'honneur de MM^{mes} de France, et de Mlle de Durfort Lorge, dame d'atours de Mme Victoire. La famille de Chastellux est très ancienne; elle compte un maréchal de France en 1448. Elle est originaire de la vicomté de Bourgogne. Le roi Louis XVIII, à l'occasion du mariage de M. de Chastellux avec Mlle de Duras, créa M. de Chastellux duc de Rauzan, du nom d'une des seigneuries de la maison de Durfort, l'autorisant à écarteler ses armes de Durfort Duras.

M. le duc de Rauzan prit une assez grande part aux affaires publiques sous le ministère de M. de Chateaubriand; il fut nommé ministre plénipotentiaire en Portugal. Mme la duchesse de Rauzan ne le suivit pas dans cette mission. Elle resta auprès de sa mère. Les nombreux amis de Mme la duchesse de Duras la retrouvent encore en elle, et lui doivent la satisfaction de voir revivre une société et un charme de conversation dont les traditions sont presque perdues de nos jours.

CHAPITRE QUATORZIÈME.

XIV.

BLASON DE LA FAMILLE DE DURFORT DURAS. — ALLIANCES.

Les armes primitives de toutes les branches de la maison de Durfort sont: *D'argent, à la bande d'azur.*

Des titres découverts depuis la publication du P. Anselme établissent la filiation de cette famille depuis 1050.

Les Durfort formèrent diverses branches: les

Durfort de Civrac, de Boissières, de Castelbajac, de Bajaumont, de Brouillac, de Goujonac, de Born, etc. (1)

Quelques branches ont porté des armes distinctes ; les seigneurs de Bajaumont portaient : *D'azur, au lion d'argent.* Les seigneurs de Born : *D'azur, à la bande d'or, à la bordure de gueule.*

Bertrand de Born, seigneur du château de Hautefort, en Périgord, qui vivait au XIIme siècle, fut un troubadour renommé par ses SIRVENTES. Dans son histoire savante sur le Périgord M. Audierne en fait mention.

Ce n'est que depuis l'année 1390, date du mariage de Galhard de Durfort, seigneur de Duras, avec Jeanne de Lomagne, que la maison de Durfort a joint à ses armes celles de la famille de Lomagne, qui sont : *De gueule, au lion d'argent.*

Nous trouvons les Durfort au nombre des chevaliers français qui ont pris part aux Croisades :

---

(1) Le P. Anselme. — Le P. Daniel.

au siège de St-Jean d'Acre, en 1190, Bernard de Durfort. Au siège de Valence, en Espagne, en 1238, Raymond de Durfort.

Les Durfort se distinguèrent particulièrement dans la guerre des Albigeois.

La branche des Durfort Duras, éteinte dans les mâles en 1838, était l'aînée de la maison. Elle portait pour armes : *Écartelé, aux 1 et 4 d'argent, à la bande d'azur, aux 2 et 3 de gueule, au lion d'argent.*

La maison de Durfort Duras, qui n'avait point de devise, non plus que les autres branches, avait pour cri de guerre : DURAS ! Les familles de la plus haute noblesse de France n'avaient d'autre cri de ralliement que que le nom patronymique de leur maison : D'AMBOISE, BÉTHUNE, BOURNONVILLE, CRÉQUY, JOINVILLE, LUSIGNAN, ROHAN, LA TRÉMOILLE, et beaucoup d'autres ainsi. Ce cri appartenait exclusivement à l'aîné de la famille. Le cri de guerre s'écrit au bas de l'écusson ; la devise au-dessus.

Il est probable que les descendants de Raymond

de Durfort aient conservé longtemps la devise que ce chevalier français portait au siège de Valence : *Si ell dur, yo fort.* — S'il est dur, je suis fort.

On voit encore dans le cabinet héraldique de Bordeaux les *Scels* de plusieurs seigneurs de la branche de Duras. Le sceau de magnifique et puissant homme, Galhard de Durfort, seigneur de Duras et de Blanquefort, apposé à un acte du 8 février 1353, représente un écu parti : *Au 1er une bande; au 2me un lion.*

Le sceau de Jean de Durfort, seigneur de Duras, maire de Bordeaux et gouverneur de Crême, en Lombardie, appendu à une quittance de deux mille livres, pour une année de sa pension, quittance donnée le 15 décembre 1514 à Jean Brachet, receveur général des finances, représente l'écu coupé, en chef : *Un lion;* et en pointe : *Une bande d'azur.*

La *bande d'azur* existe sur toutes les armoiries des Durfort. La simplicité de ce blason en fait la beauté.

Arnaud de Durfort Bajaumont, auquel Marquésie de Goth apporta en mariage, en 1306, la terre de Duras, et qui est le premier de notre généalogie, avait pour armes: *D'azur, au lion d'argent.*

Le lion d'argent existait dans la maison de Durfort Duras avant l'alliance de Lomagne, qui ne date que de 1390. Il faut faire observer ici que l'émail d'un écu, c'est le *métal*, la *couleur* ou la *fourrure*, toutes choses qui forment le fond de l'écu, ou ses diverses parties. L'écu est *simple* ou *composé:* Par l'alliance de Lomagne la maison de Durfort Duras prit un écu *composé*, c'est-à-dire formé de deux émaux, le *métal: D'argent*, qui est de Durfort; et la *couleur: De gueule*, qui est de Lomagne. (2)

Le premier maréchal de Duras porta les armes de sa maison en écartelure, telles qu'elles sont plus haut décrites: *Écartelé, aux 1 et 4 d'argent, à la bande d'azur, aux 2 et 3 de gueule, au lion d'argent.*

Les Durfort furent alliés dès les premiers temps à l'illustre maison de Foix. La terre de Civrac en

---

(2) Le P. Ménestrier.

Bénauge, aujourd'hui dans le département de la Gironde, appartenait à la maison de Foix et passa dans la branche des Durfort, seigneurs de Civrac, par le mariage d'Isabelle de Foix avec un Durfort. C'est Isabelle de Foix qui a fondé la chapelle de Verdelais en 1395. Tout le monde connaît l'origine de cette fondation pieuse. Isabelle de Foix se rendait au château de Civrac, montée sur une mule : tout-à-coup la mule s'arrête sans pouvoir avancer ni reculer; elle enfonce un de ses pieds dans une pierre fort dure, où elle imprime la forme de son fer. Sous cette pierre on trouva la statue de la Vierge, qui est de nos jours vénérée à Verdelais.

Ce n'est pas la seule fondation pieuse dont la province soit redevable à la maison de Durfort. Vers 1588 Marguerite de Grammont d'Aster, veuve de Jean de Durfort Duras, fonda dans l'ancienne et célèbre église de Notre-Dame de Bon-Encontre, en Agenais, la chapelle qu'on voyait à droite du maître-autel, avant la reconstruction récente de cette église. Cette chapelle portait les marques de cette généreuse fondation à la clef de sa voûte, où étaient sculptés, accolés, deux écussons entourés d'une cordelière. Le premier, *à dextre*, représentait l'écusson simple de Durfort: *D'argent, à la bande d'azur*. Le second, *à sénestre*, était le blason personnel de la femme: *Écartelé, au 1 de Grammont; au 2 d'Aster; au 3 de Mussidan; au 4 d'Aure*. Il est à regretter que, dans la reconstruction qui vient d'avoir lieu, on n'ait pas cru devoir conserver ce souvenir pieux.

La maison de Durfort Duras fut alliée aux plus illustres maisons de France: Aux Périgord, aux Turenne, aux Bourbon Malauze, aux Levis Ventadour, aux Biron, aux La Trémoille, et plus récemment aux La Rochejaquelein.

La maison de Duras a fourni plusieurs maréchaux de France, des ambassadeurs, deux chevaliers de l'ordre de la Jarretière, des chevaliers de divers ordres, des gouverneurs de places fortes, et un grand nombre d'officiers généraux.

CHAPITRE QUINZIÈME.

XV,

—

NOTICE HISTORIQUE SUR LE CHATEAU DE DURAS.

—

Le château de Duras et ses domaines appartenaient primitivement à la maison de Goth. (1) Il fut assiégé en 1345, pendant l'occupation anglaise en Guienne, par le comte Derby, qui s'en empara. Le siège de 1377 par le duc d'Anjou et Duguesclin fut le plus remarquable. En 1389 le

---

(1) Voir le chap. 1ᵉʳ

château de Duras fut rasé par ordre de Charles V, roi de France. Galhard de Durfort, troisième du nom, le reconstruisit quelques années après. Lancelot de Labarthe, capitaine anglais, l'assiégea en 1424; quelques traces de ce siège paraissent encore sur les tours du château et sur les murailles de la ville.

Montluc y jeta l'épouvante en 1562. (2)

Les châteaux de Blanquefort et de Rauzan, anciennes possessions des seigneurs de Duras, ne présentent aujourd'hui que des ruines.

Aux environs de Duras, c'était 1° le château de Puychagut ou Péchagut, *roche aiguë*, que l'on croit avoir été une station romaine; il appartint aux Anglais et eut pour gouverneur le captal de Buch. Duguesclin, après avoir fait prisonnier le captal de Buch, s'empara des places fortes occupées par les Anglais; quelques-unes furent détruites: de ce nombre Puychagut.

(2) Voir le chap. 4me

2º Castelmoron d'Albret, qui n'a conservé du bon roi Henri que le souvenir.

3º Lauzun, où l'on remarque encore de beaux restes du moyen-âge. Lauzun! perle précieuse oubliée par les flots des mers orageuses sur un rivage riant et paisible.

Le château de Duras, dans sa splendeur, était un des plus beaux monuments de la Guienne. Chaque année un grand nombre de personnages de distinction venaient y passer quelques jours de la belle saison. La magnificence des fêtes qui s'y donnaient, les agréments de la belle vallée du Drot s'étaient acquis un tel renom que Louis XIV disait : « SI JE N'AVAIS PAS VERSAILLES, JE VOUDRAIS AVOIR « DURAS. »

Un parc immense s'étendait jusqu'au Drot, où l'on arrivait par une avenue de marronniers : ce parc était comparable, par son étendue et la beauté de ses arbres, aux parcs de St-Cloud et de Vincennes. Il ne reste de tout cela que le corps des bâtiments du château et quelques hectares de fonds. C'est la propriété de M. le duc de Rauzan, qui la possède du chef de son épouse.

La grande salle est aussi vaste que celles de nos anciens châteaux royaux. Il y avait au-dessus des trois cheminées en marbre rose et blanc qui existent encore, trois portraits de famille peints par Lebrun: celui du maréchal de Turenne, celui du premier maréchal de Duras et celui du maréchal de Lorge. Cette salle était appelée la SALLE DES TROIS MARÉCHAUX.

Au rez-de-chaussée, donnant sur la cour de l'ouest, les salles boisées étaient tapissées de broderies magnifiques représentant les travaux d'Hercule. Dans la chambre haute, ouverte sur le côté du nord, qu'on nomme encore aujourd'hui le CABINET DE LA DUCHESSE, se trouvaient, ouvragés en tapisseries brodées, les écussons de la famille et de ses diverses branches.

En 1790, le duché de Duras cessa d'être indépendant. Il ne s'appartint plus à lui-même: il dépendit du district de Marmande.

En 1793, l'église de la Magdeleine, qui était encore un temple protestant, renfermait quelques sépulcres de la famille de Duras, entr'autres celui de Symphorien de Durfort, tué au siège d'Orléans. Le caveau où étaient les cendres des morts fut ouvert; et deux sépulcres en plomb, que l'on y trouva, furent emportés par quelques amis de la famille à un lieu nommé GASPARD, à quelque distance de la ville. GASPARD était une ancienne faisanderie du château; sa position isolée l'avait fait choisir pour rendez-vous de chasse de la seigneurie. Les sépulcres dont nous parlons, ainsi que les dépouilles qu'ils renfermaient, devinrent une nuit la proie des voleurs ou des sans-culottes. Cette même année, les meubles, les tableaux, tous les objets de prix, les papiers, tous les symboles quelconques qui pouvaient en quelque sorte rappeler l'autorité des seigneurs, furent portés sur la place publique et brûlés par la populace, qui vociférait en dansant autour d'un feu de joie. Les meubles que le hasard sauva de cet AUTO-DA-FÉ, furent achetés à vil prix par quelques habitants de la ville. Le citoyen Lakanal, député extraordinaire de la Convention pour les départements du Lot, de Lot-et-Garonne, de la Gironde et de la Dordogne, fit démolir les tours du château pour employer la pierre et les briques qu'on en extrayait, à faire construire des écluses sur le Drot. Ces écluses ne furent point construites alors, malgré le travail immense imposé par Lakanal à toute la population. Les vieillards, les femmes, les enfants furent mis en réquisition sur les places publiques et sur les chemins, pour piler la brique et concasser la pierre.

On ne voit dans la construction du château de Duras, telle qu'elle nous est restée, aucun vestige du moyen-âge, pas une trace du style ogival. L'occupation anglaise en Guienne avait fait abandonner dans cette province et dans les provinces de l'ouest de la France, l'architecture brillante du moyen-âge. On ne construisit pendant deux siècles que des masses qui présentaient une résistance formidable.

Il faut suivre la chaîne des évènements histoririques pour pouvoir se faire une idée exacte des diverses phases de l'architecture depuis les dernières années du XIVme siècle.

L'auteur de cette notice sait que le château de Duras fut rasé en 1389, et qu'il fut reconstruit dans l'espace de temps qui sépare cette date de l'année 1424, puisque cette année-là il fut assiégé par les Anglais; des traces de ce siège existent encore. Que se passa-t-il depuis 1389 jusques en 1424? — Galhard de Durfort, seigneur de Duras, fut pendant plusieurs années sénéchal de Guienne pour le roi d'Angleterre. —

Le style roman appartient au XIme siècle, le style ogival au XIIIme; puis vint celui de la renaissance, qui commença sous Charles VIII, prit de grands développements sous Louis XII, et fit d'immenses progrès sous François Ier.

Mettons sous les yeux du lecteur une page de M. Viollet-Leduc, qui est très compétent en cette matière :

« Il semblait qu'alors les architectes eussent
« horreur du plein, et ne pussent se résoudre à
« laisser paraître leurs points-d'appui; tous leurs
« efforts tendaient à les dissimuler, pendant que
« souvent des murs, qui ne sont que des remplis-
« sages, et ne portent rien, auraient pu être mis à
« jour ou décorés d'arcatures ou de feuilles baies,
« restent nus. Rien n'est plus choquant que ces

« murs lisses, froids, entre des contre-forts cou-
« verts de détails infinis, petits d'échelle, et qui
« amaigrissent les parties des édifices auxquels on
« attache une idée de force.

« Plus on s'éloigne du domaine royal, et plus
« ces défauts sont apparents dans l'architecture
« du XVme siècle, plus les constructeurs s'écar-
« tent des principes posés pendant les XIIIme et
« XIV siècles, se livrent aux combinaisons extra-
« vagantes, prétendent faire des tours de force de
« pierre, et donnent à leur architecture des for-
« mes étrangères à la nature des matériaux,
« obtenues par des moyens factices, prodiguant
« le fer et les scellements, accrochant, incrustant
« une ornementation qui n'est plus à l'échelle des
« édifices. C'est sur les monuments de cette épo-
« que qu'on a voulu longtemps juger l'architecture
« dite GOTHIQUE. C'est à peu près comme si on
« voulait porter un jugement sur l'architecture
« romaine à Balbec ou à Pola, sans tenir compte
« des chefs-d'œuvre du siècle d'Auguste.

« Nous devons ici faire une remarque d'une

« importance majeure : Bien que la domination
« anglaise ait pu paraître, politiquement parlant,
« très assurée dans le nord et dans l'ouest de la
« France pendant une partie des XIVme et XVme
« siècles, nous ne connaissons pas un seul édifice
« qui rappelle dans les contrées conquises les
« constructions que l'on élevait alors en Angle-
« terre. L'architecture ne cesse de rester française.
« On ne se fait pas faute en Normandie, ou dans
« les provinces de l'Ouest, d'attribuer certains
« édifices aux Anglais. Que ceux-ci aient fait cons-
« truire des monuments, nous voulons bien l'ad-
« mettre; mais ils n'ont eu recours alors qu'à des
« artistes français; et le fait est facile à constater
« pour qui a vu les architectures des deux pays. »

Si le château de Duras doit être classé parmi les
monuments de la renaissance, il n'est pas moins
vrai qu'on y remarque deux genres distincts : une
masse gigantesque et compacte, où les efforts
de pierre, les voûtes, dominent tout. Que ce soit
l'œuvre d'artistes français, c'est vraisemblable ;
mais cette architecture rappelle les anciennes Bas-
tides que l'on construisait au XIIIme siècle et au
XIVme dans le sud-ouest de la France, et qu'un

savant archéologue, dont s'honore la Gironde, (3) a considérées avec raison comme des constructions anglaises. C'est dans les embellissements qui furent faits à ce monument dans le courant du XVme siècle, tels que les galeries, la façade de la grande salle, le portique d'entrée, que l'on trouve le véritable style de la renaissance, comme on le remarque particulièrement sur les édifices religieux de cette époque.

L'aile des bâtiments qui se trouve au levant est d'une architecture plus moderne. On y voit, aux voûtes et aux plafonds, des sculptures habilement tracées : LA FOI, L'ESPÉRANCE, LA CHARITÉ, LA FORCE, LA JUSTICE.

Le château de Duras est remarquable par son site et par la régularité de sa construction : six tours colossales flanquent l'édifice, dont la masse est entourée d'une galerie formant une ceinture d'une élégance admirable. Les tours subsistent encore au niveau des autres bâtiments : une seule, qui est

(3) M. Jouannet.

couronnée d'une terrasse, est demeurée intacte; elle a servi de jalon à la carte de Cassini. Dans les premiers mois de l'année 1757, MM. Cassini et Montigni, membres de l'académie des sciences, vinrent étudier à Duras le plan de leur carte géographique.

On dirait que cette tour a été conservée comme la dépouille la moins périssable. On l'appelait autrefois LA TOUR DE LA SIMILLERIE, nom qui lui venait du mot SIMILLE, à cause des greniers qu'elle protégeait, et qui renfermaient les grains nécessaires à l'approvisionnement du château.

Ces débris d'autrefois sourient encore. La plaine toujours charmante qui les environne, riche de verdure ou de moissons, forme à leur pied un admirable contraste.

FIN.

ERRATA:

Page 29, 4me ligne, lisez : *au service de la France,* au lieu de : AU SERVICE DE FRANCE.

Page 50, 14me ligne, lisez : *Jean de Durfort,* au lieu de : GALHARD DE DURFORT.

Page 51, 1re ligne, lisez : *Jean de Durfort,* au lieu de : GALHARD DE DURFORT.

Même page, même ligne, supprimez : *quatrième du nom.*

Page 85, 6me ligne, lisez : *blessures,* au lieu de : BLESSURSES.

Même page, 14me ligne, lisez : *le met en doute,* au lieu de : LES MET EN DOUTE.

Page 108, 2me ligne, lisez : *au palais,* au lieu de : AUX PALAIS.

Page 205, 15me ligne, supprimez : *que.*

Marmande, imp. Avit Duberort.

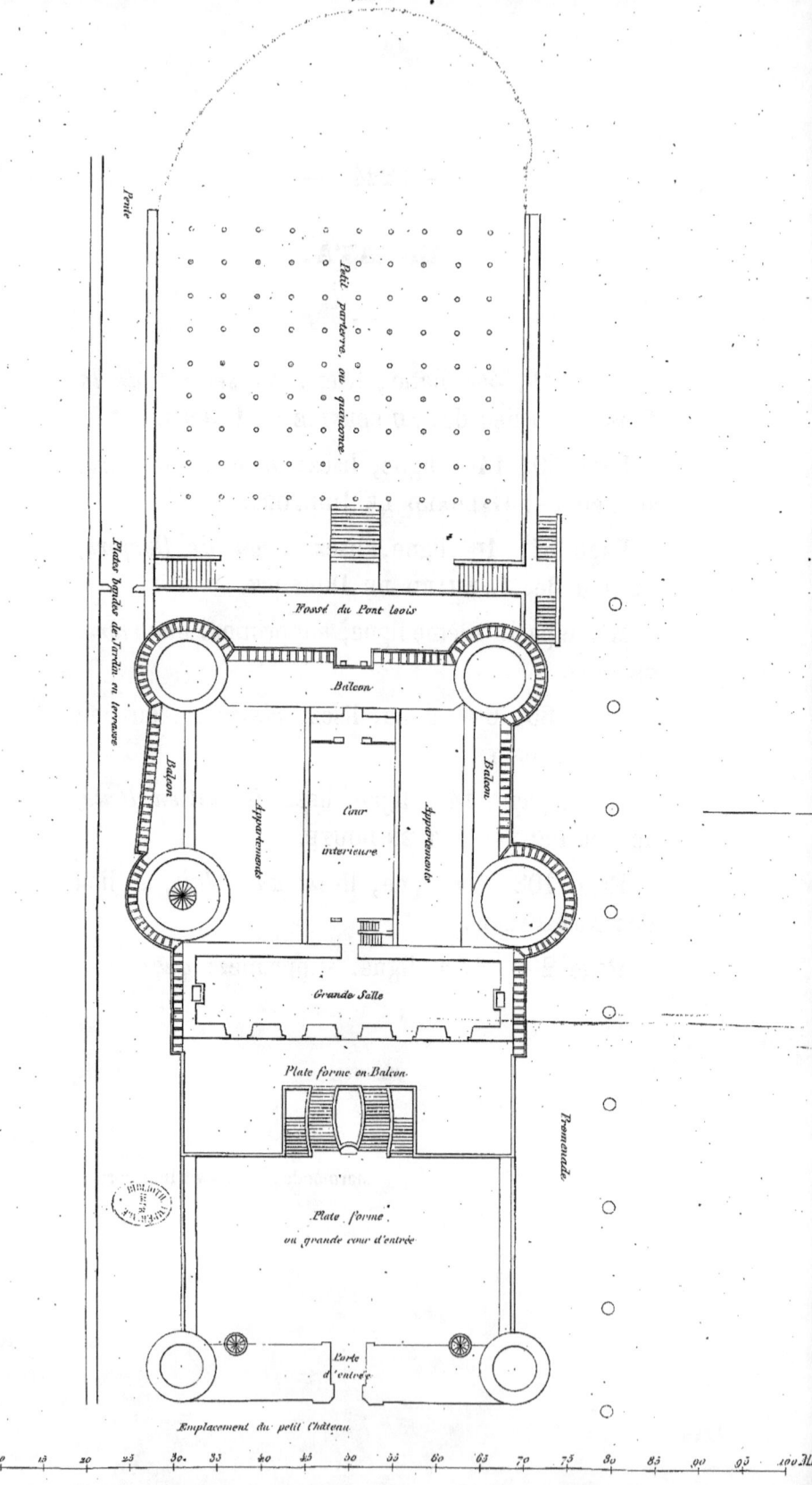

www.ingramcontent.com/pod-product-compliance
Lightning Source LLC
Chambersburg PA
CBHW051909160426
43198CB00012B/1817